엑스포지멘터리 성경공부 시리즈

요한복음(Ⅱ) 인도자용

요한복음 11-21장

엑스포지멘터리 성경공부 시리즈

요한복음(Ⅱ) 인도자용

요한복음 11–21장

| 송병현 · 임우민 지음 |

EM Exposi Mentary

차례

『요한복음 II』 엑스포지멘터리 성경공부 오리엔테이션
(60분 소요)

* 한 주의 성경공부는 60분을 기준으로 구성되어 있으나 그룹의 요구와 형편에 따라 조절할 수 있습니다.

* 첫 번째 모임의 오리엔테이션은 다음과 같은 구성으로 진행합니다.

1. 찬양과 기도(5분)

찬양은 필요에 따라 선택할 수 있습니다. 이후 인도자의 짧은 기도로 모임을 시작하십시오.

2. 자기소개(10분)

1) 서로 잘 아는 사이의 그룹일 경우 : 한 명씩 돌아가며 자기소개를 하게 하십시오. 본인의 성격을 동물이나 꽃에 비유하는 것도 자신의 특성을 잘 소개할 수 있는 방법입니다.

2) 서로 잘 모르는 사이의 그룹일 경우 : 두 명이 한 조를 이루어 3분가량 자신이 '제일 잘하는 것 한 가지'를 서로 나누게 합니다. 이후 돌아가며 서로의 짝을 소개하는 시간을 갖습니다. 쑥스러운 분위기를 부드럽게 만들기 위해 인도자가 먼저 자기소개를 하면서 어떻게 소개하는지 보여 주는 것이 좋습니다.

3. 학생용 책 나누어 주기(5분)

인도자용 교재는 인도자의 효율적인 인도를 위한 것입니다. 구성원들에게 나누어 주지 마십시오.

4. 엑스포지멘터리 성경공부에 대한 소개(2분)

'엑스포지멘터리'(EXPOSItory+commentary=Exposimentary, 해설주석)는 '해설, 설명'을 뜻하는 'expository'와 '주석'을 뜻하는 'commentary'를 합성한 단어입니다. 본문의 뜻이나 저자의 의도와는 연관성 없는 주제와 묵상으로 치우치기 쉬운 expository의 한계와 필요 이상으로 논쟁적이고 기술적일 수 있는 commentary의 한계를 극복함으로써 가르치는 사역에 도움을 주기 위한 새로운 장르입니다. 성경공부의 가장 핵심적인 목적은 **올바른 성경 해석과 적절한 말씀 적용**입니다.

5. 『요한복음 II』 서론(20분)

* 학생용 교재를 사용해 함께 나눕니다.
* 『요한복음 II』 시작 전에 서론 부분을 나눕니다. 요한복음 성경공부 교재는 총 2권으로 구성됩니다. 1권에서는 1~10장, 2권에서는 11~21장의 핵심 내용을 다룹니다.
* 내용이 길 수 있으니 미리 읽어 오도록 권유합니다.

1) 요한복음의 중심 메시지
   (1) '징조의 책'(1:19-12:50)
   (2) '영광의 책'(13:1-20:31)

2) 요한복음의 구조와 개요
   I. 프롤로그(1:1-18)
   II. 세례 요한과 첫 제자들(1:19-51)
   III. 공개 사역 시작(2:1-4:54)
   IV. 커져 가는 반발(5:1-8:11)
   V. 유대인들과의 갈등(8:12-10:42)

6. 서류 작성(5분)

교재의 마지막 장에 있는 '비밀 유지 서약서'의 의도를 설명해 주고 서명하게 합니다.

7. 기대와 포부(5분)

성경공부 모임을 통해 기대하는 것을 구성원 중 2명 정도 이야기하게 합니다.

8. 숙제와 실천과제(5분)

다음 주의 '말씀 돋보기' 부분을 숙제해 오게 합니다.
실천과제로 『요한복음』 전체를 읽을 수 있는 데까지 소리 내어 지속적으로 12주 동안 읽어 오게 하십시오.

9. 기도

다 함께 이 성경공부 모임을 위해 기도하십시오.
다음 모임의 약속 시간과 장소를 다시 한번 공지하십시오.

* 두 번째 모임부터는 다음과 같이 시간을 구성합니다.

10. 이 책의 구성 및 사용 방법

1) 복습 – 소요 시간 5분

– 복습은 지난주에 배운 말씀 중 가장 핵심적인 부분을 이해하고 있

는지 확인하는 부분입니다.

- 지난주에 결단했던 '생활의 아로마'가 어떻게 진행되었고, 삶에 어떤 변화를 가져왔는지 간단히 나눕니다.

2) 말씀 돋보기(관찰) – 소요 시간 20분

- '말씀 돋보기'는 숙제로 제시합니다.
- '말씀 돋보기'는 Tip을 제시하고 있으며, Tip을 자세히 읽으면 스스로 답을 찾을 수 있습니다. 그러나 되도록 성경에서 답을 찾아 기록하게 하고, 이후에 문제를 이해했는지 Tip을 통해 확인하게 하십시오.
- 문제를 함께 풀면서 필요한 추가 설명을 곁들입니다. 문제를 풀고 이해하는 데 어려움이 없었는지 확인합니다.

3) 삶의 내비게이션(적용) – 소요 시간 25분

- '삶의 내비게이션'은 모임 시간에 함께 나누는 부분입니다.
- 인도자의 역할은 '삶의 내비게이션'에 있는 Tip을 사용해 '말씀 돋보기'와 연결되는 삶을 나누고 방향을 함께 볼 수 있도록 안내하는 것입니다.
- '삶의 내비게이션'의 질문은 과거, 현재, 미래형으로 구성되어 있습니다.

4) 생활의 아로마(실천) – 소요 시간 5분

- '생활의 아로마'는 구체적인 실천과제를 학생 스스로 적고 실천하는 부분입니다.
- 매주 모임에서 토론한 내용 중 각자의 상황과 결단에 맞추어 한 가지 정도 구체적인 실천과제를 제시합니다. 실천과제에 대한 나눔은 다음 번 모임을 시작할 때 나눕니다.

- 나눔의 깊이는 성령님의 인도하심, 인도자의 지혜, 그리고 그룹 구성원의 서로에 대한 신뢰 정도에 따라 차이가 있을 수 있습니다.
- 학생용 교재 마지막 장에 있는 '『요한복음 II』 말씀과 삶의 변화 일지'를 사용해 엑스포지멘터리 성경공부를 통해 삶이 어떻게 변화되고 어떤 결과가 나타났는지 볼 수 있습니다.

〈엑스포지멘터리 성경공부 시리즈 구성〉

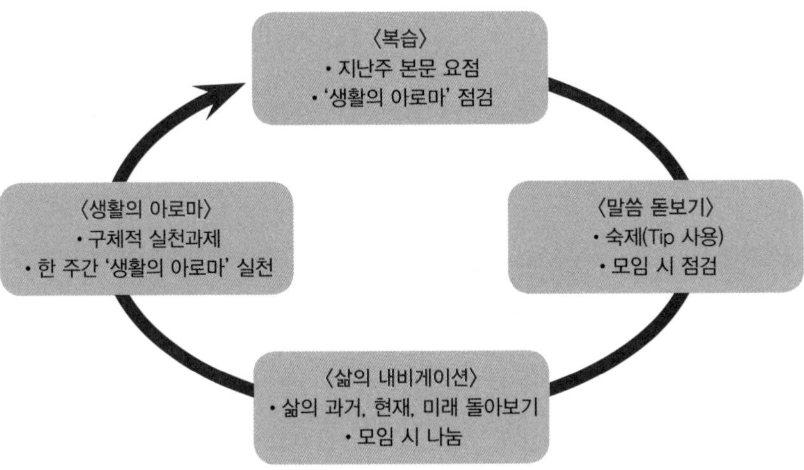

요한복음 서론

신약을 구성하는 정경 27권 중 처음 네 권을 복음서라고 한다. 예수 그리스도의 죽음과 부활을 통해 세상에 임할 복음을 묘사하고 있기 때문이다. 우리는 한 복음에 대해 네 복음서를 전수받았다. 역사를 주관하시는 하나님이 예수님의 죽음과 부활에 관해 증언하는 복음서로 '마태복음-마가복음-누가복음-요한복음'을 정경으로 정하셨다.

네 복음서에 기록된 모든 내용은 목격자들의 기억과 증언(눅 1:1-4)을 토대로 하는 사실이며, 예수님의 삶과 사역에서 비롯된 것들이다. 그러므로 복음서는 역사성과 교훈적인 기능을 강조하며, 구약에서 유래한 '종말적-역사적 내러티브'다. 복음서는 전기적, 역사적, 신학적, 교훈적이다. 이와 마찬가지로 요한복음에도 역사, 전기, 신학, 고백, 교리, 설교 등 다양한 양식의 글이 포함되어 있다.

1. 저자와 저작 시기

초대교회는 처음부터 이 복음서의 저자를 예수님의 삶과 사역에 대한 증인이자 열두 제자 중 하나인 세베대의 아들 요한으로 간주했다. 그는 '예수께서 사랑하시는 제자'(21:7)이며, 유월절 만찬 중 예수님의 품에 의지해 누운 사람이다(13:23). 요한은 어머니 쪽을 통해(요한의 어머니가 예수님의 이모) 예수님과 사촌지간이고, 사도행전에서는 베드로의 동반자로 등장한다(행 3-4장). 이후 예수님은 십자가에서 요한에게 어머니 마리아를 부탁하셨다(19:25-27).

학자들은 대부분 요한복음의 저작 시기를 1세기 말로 본다. 요한이 매우 오래 살았다는 기록이 남아 있기 때문이다. 이레네우스는 요한 사도가 트라야누스 황제 시대까지 살았다고 한다. 제롬은 요한이 예수님이 죽으신 지 68년째 되는 해인 주후 98년에 죽었다는 말을 남겼다. 거의 모든 학자가 요한복음이 주후 80-100년에 소아시아의 에베소에서 저작되었을 것으로 추측한다.

2. 저작 목적

요한은 자신이 책을 쓴 동기에 대해 "오직 이것을 기록함은 너희로 예수께서 하나님의 아들 그리스도이심을 믿게 하려 함이요 또 너희로 믿고 그 이름을 힘입어 생명을 얻게 하려 함이니라"(20:31)라고 증언한다. 이 말씀은 요한복음의 주요 주제인 믿음, 하나님의 아들, 예수님을 통한 영생을 하나로 묶고 있으며, 전도와 양육의 중요성을 암시한다. 요한복음은 믿지 않는 사람을 믿게 하고, 이미 믿고 있는 사람의 신앙을 성장시키기 위해 저작되었다.

3. 신학적 메시지

(1) 하나님

하나님은 세상과 시간의 시작이고 끝이시다(1:3). 세상을 창조하신 하나님은 세상에 이미 일어난 모든 일과 일어나고 있는 모든 일, 그리고 앞으로 일어날 모든 일을 아신다. 이 모든 일이 하나님의 계획과 섭리에 따라 진행되고 있기 때문이다.

하나님은 아들을 세상에 보내셨고, 그 아들을 통해 더 많은 자녀를 얻고자 하셨다. 하나님은 자녀로 맞이하고자 하는 사람들을 참으로 사랑하셨다. 그들의 죄를 용서하시고 구원하기 위해 하나뿐인 아들을 보내셨다. 그러므로 요한복음에서 하나님은 독생자 아들을 보내시는 분이며, 동시에 '새 자녀들'을 받으시는 분이다. 자기를 보내신 아버지의 뜻을 이루기 위해 보내심을 받은 예수님이 하시는 모든 일은 하나님으로부터 온 것이며, 하나님을 위한 것이다.

(2) 예수 그리스도

요한복음의 기독론을 논함에 있어 가장 중요한 말씀은 1:1−18이다. 특히 1절과 4절은 예수님이 성육신하신 하나님의 말씀이라고 한다. 예수님이 하나님의 말씀을 선포하시고 하나님의 일을 하시지만, 예수님은 옛 선지자들처럼 하나님의 말씀을 대언하는 매체가 아니라 하나님의 말씀 자체이시다. 그러므로 예수님의 말씀과 사역, 삶과 죽음은 선을 그어 나눌 수 없는 하나이며, 예수님은 우리가 하나님께 나아갈 유일한 길이요 진리요 생명이시다. 예수님은 하나님이시기 때문이다. 요한복음은 예수님이 100% 인간이시며, 100% 하나님이심을 강조한다.

요한복음에서 예수님은 "내가 그다"(ἐγώ εἰμι, "I AM I am he")라는 말씀에 여러 수식어를 더해 일곱 가지 비유로 자신에 관해 말씀하신다. 이 비유는 모두 예수님만이 하나님께 나아가 영생을 얻는 유일한 방법임을 강조한다.

'나는 …이다'	성경 구절(요한복음)
나는 생명의 떡이다	6:35, 41, 48
나는 세상의 빛이다	8:12; 9:5
나는 양의 문이다	10:7, 9
나는 선한 목자다	10:11, 14
나는 부활이요 생명이다	11:25
나는 길이요 진리요 생명이다	14:6
나는 참 포도나무다	15:1

(3) 성령

요한복음은 성령에 대해 공관복음을 모두 합한 것보다 더 많이 언급한다. 성령은 예수님이 세례를 받으실 때부터 함께하셨다. 성령은 영원히 예수님과 함께하는 하나님의 내재이시며, 예수님 안에 흐르는 생수의 근원이시다. 성령은 예수님의 삶에서 있어도 되고 없어도 되는 부수적인 존재가 아니다. 그러므로 사람이 예수님과 함께한다는 것은 성령을 체험하는 것을 의미한다.

부활하신 예수님은 제자들에게 제일 먼저 성령을 받으라고 권면하셨고, 승천하신 후 보혜사로 제자들에게 임하셨다. '보혜사'(παράκλητος, 파라클레이토스)는 '위로하는 자, 돕는 자'라는 의미를 지닌다. 예수님은 승천하신 후에도 예수님이 세우신 공동체와 함께하시며 자신에 대한 계시와 가르침을 계속하는 일로 공동체를 위로하고 도우신다. 이처럼 성령은 믿는 자들을 말씀과 가르침으로 위로하고 도우시지만, 예수님을 믿지 않는 세상은 죄와 의와 심판으로 책망하신다.

(4) 교회

교회는 예수님의 제자들이 모이는 곳이다. 예수님의 제자는 예수님이 그를 사랑하신 것처럼 이웃(다른 제자)을 사랑하는 사람이며, 이런 제자들이 모인 곳이 교회다. 교회는 예수님이 새로 시작하신 하나님 백성 공동체이며, 이방인과 유대인을 포함한다. 교회가 유대인뿐 아니라 이방인도 포함하는 것은 우연이나 실수로 빚어진 일이 아니라 하나님이 태초부터 계획하신 인류 구원 역사의 일부다. 구약은 아브라함의 후손으로 오는 이가 이러한 구원을 이루실 것이라고 한다.

4. 구조

요한복음은 프롤로그를 형성하는 1:1–18과 에필로그를 형성하는 21:1–25에 싸여 있다. 이 두 섹션에 감싸인 1:19–20:31은 '징조의 책'(1:19–12:50)과 '영광의 책'(13:1–20:31) 등 두 파트로 나뉜다.

    Ⅰ. 프롤로그(1:1–18)
    Ⅱ. 세례 요한과 첫 제자들(1:19–51)
    Ⅲ. 공개 사역 시작(2:1–4:54)
    Ⅳ. 커져 가는 반발(5:1–8:11)
    Ⅴ. 유대인들과의 갈등(8:12–10:42)
    Ⅵ. 전환: 사역에서 죽음과 부활로(11:1–12:50)

제1주 살리시는 예수님

요한복음 11:17-44

부활이요 생명이신 예수님의 능력을 죽음도 제한할 수 없다는 사실을 알고, 어려울 때 더욱더 주님을 의지하며 살아간다.

KEYWORD **편견(제한), 믿음, 부활**

I. 찬양과 기도

II. 복습문제 풀이

 **복습**

1 예수님은 유대인들에게 무엇을 보고 판단하라고 하셨는가? 이를 통해 그들이 깨닫게 될 사실은 무엇인가?(10:37-38)

    a) 판단의 근거(37절): 행위(예수님이 하나님 아버지의 일을 행하시는지)

    b) 깨닫게 될 사실(38절): 아버지가 예수님 안에 계시고 예수님이 아버지 안에 계시는 것을 깨닫게 됨

III. 말씀 요한복음 11:17-44을 다 함께 읽는다

$^{11:17}$ 예수께서 와서 보시니 나사로가 무덤에 있은 지 이미 나흘이라 ^{18} 베다니는 예루

살렘에서 가깝기가 한 오 리쯤 되매 [19] 많은 유대인이 마르다와 마리아에게 그 오라비의 일로 위문하러 왔더니 [20] 마르다는 예수께서 오신다는 말을 듣고 곧 나가 맞이하되 마리아는 집에 앉았더라 [21] 마르다가 예수께 여짜오되 주께서 여기 계셨더라면 내 오라버니가 죽지 아니하였겠나이다 [22] 그러나 나는 이제라도 주께서 무엇이든지 하나님께 구하시는 것을 하나님이 주실 줄을 아나이다 [23] 예수께서 이르시되 네 오라비가 다시 살아나리라 [24] 마르다가 이르되 마지막 날 부활 때에는 다시 살아날 줄을 내가 아나이다 [25] 예수께서 이르시되 나는 부활이요 생명이니 나를 믿는 자는 죽어도 살겠고 [26] 무릇 살아서 나를 믿는 자는 영원히 죽지 아니하리니 이것을 네가 믿느냐 [27] 이르되 주여 그러하외다 주는 그리스도시요 세상에 오시는 하나님의 아들이신 줄 내가 믿나이다 [28] 이 말을 하고 돌아가서 가만히 그 자매 마리아를 불러 말하되 선생님이 오셔서 너를 부르신다 하니 [29] 마리아가 이 말을 듣고 급히 일어나 예수께 나아가매 [30] 예수는 아직 마을로 들어오지 아니하시고 마르다가 맞이했던 곳에 그대로 계시더라 [31] 마리아와 함께 집에 있어 위로하던 유대인들은 그가 급히 일어나 나가는 것을 보고 곡하러 무덤에 가는 줄로 생각하고 따라가더니 [32] 마리아가 예수 계신 곳에 가서 뵈옵고 그 발 앞에 엎드리어 이르되 주께서 여기 계셨더라면 내 오라버니가 죽지 아니하였겠나이다 하더라 [33] 예수께서 그가 우는 것과 또 함께 온 유대인들이 우는 것을 보시고 심령에 비통히 여기시고 불쌍히 여기사 [34] 이르시되 그를 어디 두었느냐 이르되 주여 와서 보옵소서 하니 [35] 예수께서 눈물을 흘리시더라 [36] 이에 유대인들이 말하되 보라 그를 얼마나 사랑하셨는가 하며 [37] 그 중 어떤 이는 말하되 맹인의 눈을 뜨게 한 이 사람이 그 사람은 죽지 않게 할 수 없었더냐 하더라 [38] 이에 예수께서 다시 속으로 비통히 여기시며 무덤에 가시니 무덤이 굴이라 돌로 막았거늘 [39] 예수께서 이르시되 돌을 옮겨 놓으라 하시니 그 죽은 자의 누이 마르다가 이르되 주여 죽은 지가 나흘이 되었으매 벌써 냄새가 나나이다 [40] 예수께서 이르시되 내 말이 네가 믿으면 하나님의 영광을 보리라 하지 아니하였느냐 하시니 [41] 돌을 옮겨 놓으니 예수께서 눈을 들어 우러러 보시고 이르시되 아버지여 내 말을 들으신 것을 감사하나이다 [42] 항상 내 말을 들으시는 줄을 내가 알았나이다 그러나 이 말씀 하옵는 것은 둘러선 무리를 위함이니 곧 아버지께서 나를 보내신 것을 그들로 믿게 하려 함이니이다 [43] 이 말씀을 하시고 큰 소리로 나사로야 나오라 부르시니 [44] 죽은 자가 수족을 베로 동인 채로 나오는데 그 얼굴은 수건에 싸였더라 예수께서 이르시되 풀어 놓아 다니게 하라 하시니라

 말씀 돋보기(관찰)

1 예수님은 나사로가 무덤에 장사된 지 며칠째 되는 날 베다니에 도착하셨으며, 그 이유는 무엇인가?(11:17, Tip)

  a) 베다니에 도착하신 때(17절): 나사로가 무덤에 장사된 지 나흘째(4일째) 되는 날

  b) 이유(Tip): 하나님의 영광을 드러내고자

Tip 나사로는 히브리어 이름 '엘르아살'(하나님의 도움, 하나님이 도우시는 자)을 헬라어로 표기한 것이다. 죽었다가 하나님의 도우심으로 되살아난 그에게 잘 어울리는 이름이라 할 수 있다. 나사로는 누이 마르다와 마리아와 함께 베다니에서 살다가 병이 들어 죽었다.

예수님은 나사로가 무덤에 장사된 지 나흘째(4일째) 되는 날 베다니에 도착하셨다. 당시 무덤은 언덕에 굴을 파 놓은 형태였으며, 부자들은 가족묘로 사용하기 위해 상당히 정교하고 길게 여러 갈래의 굴을 팠다. 나사로가 아프다는 소식을 듣고도 예수님이 일부러 이틀이나 지체한 뒤 그가 죽은 지 나흘째가 되어서야 베다니에 도착하신 데에는 그럴 만한 이유가 있다.

당시 유대인들은 사람이 죽으면 그의 영혼이 몸 주변에서 사흘간 머물며 다시 몸으로 들어가 소생할 기회를 엿본다고 생각했다. 그러다가 죽은 지 나흘째가 되어 시신이 썩기 시작하고 얼굴색이 변하면 영혼이 영원히 시신을 떠난다고 여겼다. 그러므로 나사로가 죽은 지 나흘이 되었다는 것은 그가 일시적으로 정신을 잃었을 가능성을 원천적으로 배제한다. 예수님은 잠들거나 정신을 잃은 나사로를 깨우신 것이 아니다. 이미 죽은 지 나흘이 지나 완전히 죽은 자를 살리신 것이다. 예수님은 더는 어떠한 소생 가능성도 없는 나사로를 살리심으로써 하나님의 영광을 드러내고자 하신 것이다.

2 예수님은 마르다에게 자신을 어떻게 소개하셨으며, 그 의미는 무엇
인가?(11:25-26)

  a) 예수님 자신에 대한 소개(25절): "나는 부활이요 생명이니"

  b) 의미(25-26절): 부활이요 생명이신 예수님을 믿으면 죽어도 살고 영원히 죽
    지 않는다는 의미

예수님은 마르다에게 나사로가 다시 살아날 것이라고 말씀하신다. '살아
나다'를 직역하면 '일어나다'다. 다니엘 12:2은 부활에 관해 말하면서 '자
는 자 중에서 많은 사람이 깨어날 것'이라고 하는데, 칠십인역은 히브리
어의 '깨어나다'를 '일어나다'로 번역했다. 마르다는 자기 오라버니가 마
지막 날에 부활할 것을 두고 말씀하시는 것으로 착각했다.

예수님은 오해하는 마르다에게 "나는 부활이요 생명이다"라고 말씀하신
다. 이 마지막 표적에서 예수님은 생명이 되어 나사로를 살리실 것이다.
유대교 지도자 중 바리새인들은 부활을 믿었고, 사두개인들은 부활을 부
인했다. 예수님은 부활에 대한 논쟁에서 바리새인들이 옳다고 하신다.
그러나 충분하지 않다. 그들은 예수님이 부활이고 생명이라는 것을 믿지
않기 때문이다.

예수님이 자신을 가리켜 부활이고 생명이라고 하신 말씀은 예수님이 부
활이시기에 누구든지 예수님을 믿으면 죽어도 산다는 의미다. 그는 육체
적으로 죽더라도 영적으로 살 것이다. 또한 예수님은 생명이시기에 살아
서 믿는 사람은 영원히 죽지 않을 것이다. 그러므로 부활이요 생명이신
예수님을 믿는 사람은 절대 죽음을 경험하지 않을 것이다.

우리의 부활과 영생은 미래에 있을 일이 아니라, 오늘 당장 이 땅에서부
터 우리의 것이다. 예수님이 죽음에서 부활하셨고 영원히 사시기 때문에
이런 일이 가능하다. 예수님은 우리의 이 땅에서의 삶(현재)과 내세에서
의 삶(미래)을 주관하시는 분이다. 그러므로 예수님과 함께 사는 사람에
게는 죽음의 권세가 거리(전에 계시던 곳에서 베다니까지)나 시간(죽어
서 무덤에 묻힌 지 나흘)으로 정의될 수 없다.

3 마리아와 유대인들이 우는 것을 보신 예수님은 어떻게 반응하셨는가?

이 모습을 지켜본 사람들의 반응은 어떠했는가?(11:33-35, 36-37)

a) 예수님의 반응(33-35절): 심령에 비통히 여기시고 불쌍히 여기사 눈물을 흘리심

b) 사람들의 반응(36-37절): 어떤 사람들은 나사로에 대한 주님의 사랑을 보았고, 어떤 이는 비난함

마리아는 예수님을 뵙자마자 "주께서 여기 계셨더라면 내 오라버니가 죽지 아니하였겠나이다"라고 마르다가 한 것과 똑같은 말을 하며 울었다. 나사로가 살아 있을 때 예수님이 오셨더라면 분명히 살렸을 텐데 이제는 너무 늦었다는 생각이 엄습했기 때문이다.

예수님은 심령에 비통히 여기고 그들을 불쌍히 여기셨다. '비통하다'는 일상적으로 '분노하다, 야단치다'라는 뜻을 지니며, 가끔 '크게 슬퍼하다'라는 의미로 사용된다. 대부분 번역본은 슬퍼하는 것으로 해석하지만(새번역, 공동번역, NIV, ESV), 분노로 마음을 가라앉히지 못하는 것으로 해석하는 번역본도 있다(NRS). 만일 예수님이 분노하신 상태라면 나사로의 무덤이 어디 있냐고 질문하신 것은 상당히 이해하기 어려운 상황이다. 책망이 먼저 나와야 하기 때문이다. 그러므로 예수님이 비통해하셨다는 것은 슬퍼하면서도 분노하신 것으로 해석하는 것이 바람직하다. 예수님은 나사로의 죽음으로 사람들이 슬퍼하는 모습을 보고 비통히 여기신다. 또한 수년 동안 부활과 영생에 대해 가르쳤는데도 그 소망을 마음에 새기지 못하고 눈에 보이는 죽음의 지배 아래 모든 것을 생각하고 행동하는 사람들의 답답한 모습에 화를 내신다.

예수님은 나사로의 무덤으로 가시는 중에 눈물을 흘리셨다. 이 말씀은 가장 짧은 성경 구절이지만 슬픔에 빠진 그리스도인들에게 가장 위로가 되는 말씀이다. 하나님이신 예수님이 연약한 인간인 우리의 슬픔을 헤아리고 함께 울어 주신다는 의미이기 때문이다. 예수님이 우셨다는 표현에 사용된 '울다'는(35절) 마리아와 사람들이 운 것을(33절) 묘사하는 단어와 다르다. 예수님에게 사용된 '울다'는 신약에서 이 본문에만 나오는 동사이며, 마음으로 아파하며 조용히 흘리는 눈물을 의미한다. 예수님의 눈물은 소망이 없다며 사람들이 흘리는 절망적인 눈물과 다르다. 죄

와 죽음이 가져온 결과가 사람들에게 얼마나 치명적인지 보시고 죽음을 그렇게 대할 필요가 없다며 안타까워서 흘리시는 눈물이다. 주님을 믿는 사람들에게 죽음은 끝이 아니라 또 하나의 시작이기 때문이다.

4 마르다는 예수님이 자신을 가리켜 부활이요 생명이라고 말씀하셨을 때와 나사로의 무덤을 찾아오셨을 때 서로 다른 믿음의 태도를 보인다. 각각 어떻게 고백했는가?(11:27, 39)

   a) 부활이요 생명이라고 소개하셨을 때(27절): "주는 그리스도시요 세상에 오시는 하나님의 아들이신 줄 내가 믿나이다"(확고한 믿음)

   b) 나사로의 무덤을 찾아오셨을 때(39절): "주여 죽은 지가 나흘이 되었으매 벌써 냄새가 나나이다"(흔들리는 믿음)

예수님이 "나는 부활이요 생명이다"라고 말씀하신 후 "이것을 믿느냐"라고 물어보셨을 때, 마르다는 주저하지 않고 믿는다고 말했다. 그녀는 "주는 그리스도시요 세상에 오시는 하나님의 아들이신 줄 내가 믿나이다"라고 고백했다. 하지만 예수님이 하신 질문은 나사로를 살릴 수 있다고 믿느냐는 것이 아니다. 마르다처럼 예수님과 함께하는 사람은 죽지 않고 영원히 사는 것을 믿느냐는 질문이다. 이에 대해 마르다는 '믿나이다'라는 완료형으로 대답했다. 즉, 마르다가 예전부터 마음을 정해 예수님을 믿어 왔다고 고백한 것이다. 제자 안드레는 형제 베드로에게 '메시아'를 만났다고 했고(1:41), 나다나엘은 예수님을 '하나님의 아들'이라고 했다(1:49). 빌립은 예수님이 "모세가 율법에 기록하였고 여러 선지자가 [오실 것이라고] 기록한 그이"라고 했다(1:45). 마르다의 대답은 이 세 가지를 한꺼번에 고백한 것으로 신약에서 매우 확고한 신앙 고백 중 하나다. 마르다는 부활이자 생명이신 예수님이 죽은 자도 살리신다는 믿음을 지녔다. 그러나 순간적으로 그녀의 믿음이 흔들려 "주여 죽은 지가 나흘이 되었으매 벌써 냄새가 나나이다"(39절)라고 말했다. 현실이 믿음과 너무나도 동떨어져 있다고 생각했기 때문이다. 나사로가 죽은 지 이미 며칠이나 되어 그의 시신이 썩고 있다. 이런 상황에서 예수님이 무리하시는 것은 아닌지 걱정이 앞선 것이다. 그녀는 예수님에게 나사로의 시신이 이미 부패하기 시작해 냄새가 날 정도인데 그를 다시 살리는 것이 어렵지 않겠느냐는 취지로 말씀드렸다.

예수님은 마르다에게 확신을 갖고 믿으라고 권면하신다. 믿으면 그녀는 하나님이 나사로를 살리시는 영광을 볼 것이다. 마르다는 나사로의 죽음에 압도되어 있다. 그러나 예수님은 부활이고 생명이시다. 그러므로 나사로의 죽음이 생명이신 예수님의 능력을 제한할 수 없다.

5 예수님은 나사로를 살리시기 전에 먼저 무엇을 하셨으며, 이후 어떤 기적이 일어났는가? 이 기적이 상징하는 바는 무엇인가?(11:41, 44, Tip)

a) 기적을 일으키시기 전에 하신 일(41절): 기도

b) 기적(44절): 죽은 자(나사로)가 수족을 베로 동인 채로 무덤에서 나옴

c) 기적이 상징하는 것(Tip): 죽은 나사로를 살리신 예수님이 장차 자신의 죽음도 이기고 부활하실 것을 상징함

예수님은 먼저 기도하셨다. 당시 유대인들이 가장 흔히 취했던 기도 자세, 곧 눈을 들어 하늘을 우러러보며 기도하셨다. 예수님은 먼저 하나님 아버지께서 자기 말을 들으신 것에 감사드렸다. 이미 하나님 아버지께 나사로를 살려 주시길 기도하고 응답받았기 때문에 이곳에서는 감사 기도를 드리신다. 예수님은 하나님이 항상 자기 기도를 들으신다는 사실을 아신다. 굳이 이렇게 말씀하실 필요가 없지만, 주변에 있는 사람들이 듣고 하나님과 예수님의 특별하고 친밀한 관계를 깨닫고 하나님이 예수님을 보내셨다는 사실을 믿게 하려고 이렇게 하신 것이다. 하나님 아버지께서 예수님의 기도를 항상 들으시는 것은 예수님 안에 거하는 우리의 기도도 항상 들으신다는 것을 의미한다.

기도를 마치신 예수님이 큰 소리로 나사로에게 나오라고 말씀하시자 나사로가 수족이 베로 동여진 채로 무덤 밖으로 나왔다. '나오라'라는 예수님의 말씀은 이 이야기의 절정이다. 요한이 '나사로'라는 이름 대신 '죽은 자'라고 표현하는 것은 죽었던 사람이 되살아남으로써 이제 더는 죽음이 나사로를 지배하지 못한다며 죽음을 조롱하기 위해서다. 나사로가 죽음

의 지배를 벗어난 것은 그가 생명이신 예수님 안에 있기 때문이다.

죽은 나사로가 살아났다! 이 기적은 요한복음에서 예수님이 행하신 마지막 기적이다. 본문에 기록된 이야기는 죽은 나사로를 살리신 예수님이 장차 자신의 죽음도 이기고 부활하실 것을 상징적으로 드러낸다.

 ## 삶의 내비게이션(적용)

1 예수님은 연약한 우리의 슬픔을 헤아리고 함께 울어 주신다. 당신이 어려운 일을 당해 기도했을 때 주님이 주신 위로는 무엇인가?

관찰문제 3번 참고. 예수님은 믿는 자들이 홀로 슬퍼하고 아파하도록 내버려 두지 않고 친히 찾아오신다. 그들을 위로하고 살리시기 위해서다. 예수님은 오라버니의 죽음으로 슬퍼하는 마르다와 마리아를 위로하고 죽은 나사로를 살리기 위해 위험을 무릅쓰고 먼 길을 오셨다. 그리고 나사로의 죽음을 슬퍼하는 마리아와 함께 우셨다. 히브리서 5:7도 예수님에 대해 "그는 육체에 계실 때에 자기를 죽음에서 능히 구원하실 이에게 심한 통곡과 눈물로 간구와 소원을 올렸고 그의 경건하심으로 말미암아 들으심을 얻었느니라"라고 증언한다.

우리의 아픔을 헤아리시고 우리와 함께 우시는 예수님이 계시기에 이 세상에 홀로 남겨졌다는 생각은 버려야 한다. 우리는 혼자가 아니다. 우리를 가장 잘 아시는 분이 우리와 함께하시며 안아 주고 위로하신다. 우리는 주님 한 분으로 모든 어려움을 견뎌 낼 수 있다. 무엇보다 우리가 주님 안에서 통곡하며 기도할 수 있다는 그 자체가 위로다. 그러므로 우리는 다른 사람이 아픔과 어려움을 겪을 때 진정으로 함께 울어 줌으로써 위로를 전할 수 있다. 각자의 삶에서 어려운 일을 당해 기도했을 때 주님께 받은 위로는 무엇인지 이야기해 본다.

2 예수님을 믿는 자들의 부활과 영생은 미래에 있을 일이 아니라, 오늘 당장 이 땅에서부터 우리의 것이다. 이 진리를 알고 난 후 당신의 삶에 찾아온 변화는 무엇인가?

관찰문제 2번 참고. 우리가 예수님께 받은 부활과 영생은 미래에 있을 일이 아니라, 오늘 당장 이 땅에서부터 우리의 것이다. 이제 우리는 죽음의 그늘 아래 살지 않기 때문이다. 설령 죽는다고 해도 다시 살 것이며, 이 땅에서 믿음으로 시작된 우리의 생명은 영원히 지속될 것이다. 예수님이 죽음에서 부활하셨고 영원히 사시기 때문에 이런 일이 가능하다. 예수님은 우리의 이 땅에서의 삶(현재)과 내세에서의 삶(미래)을 주관하시는 분이다. 그러므로 예수님과 함께 사는 사람에게는 죽음의 권세가 거리(전에 계시던 곳에서 베다니까지)나 시간(죽어서 무덤에 묻힌 지 나흘)으로 정의될 수 없다.

우리는 종종 예수님을 죽은 자들을 부활시키고 그들에게 영생을 주시는 분 정도로 생각하지만, 사실은 예수님 자신이 부활과 생명이시다. 그러므로 예수님을 믿는 이들은 이미 부활했고 영생을 누리고 있다. 이 진리를 믿는 자들은 삶에 찾아오는 걱정과 불안, 염려와 근심을 물리치는 힘과 담대함을 얻게 되고, 죽음에 대한 새로운 가치관을 갖게 된다. 그리고 이 세상의 삶이 전부가 아님을 깨닫고 천국에 대한 소망을 품고서 오늘을 낙관적으로 바라보며 살아가게 된다. 부활과 영생에 대한 진리를 알고 난 이후 각자의 삶에 어떤 변화가 찾아왔는지 나누어 본다.

3 마르다는 나사로가 완전히 죽었다는 사실에 압도되어 죽은 자도 살리시는 예수님의 능력을 온전히 믿지 못했다. 지금 눈에 보이는 현실에 가로막혀 예수님의 능력을 제한하고 있는 것이 있다면 무엇인가?

관찰문제 4번 참고. 하나님이 행하시는 기적을 보고자 하는 사람은 믿음으로 하나님 말씀에 순종해야 한다. 마르다는 아무리 예수님이라 해도 시신이 썩기 시작한 나사로를 살리시는 일은 불가능하다고 생각했다. 그럼에도 불구하고 예수님의 말씀에 순종해 사람들과 함께 무덤을 막은 돌을 옮겨 나사로가 살아나는 기적을 목격했다.

기적을 보려면 믿고 순종해야 한다. 그리스도인 가운데 어떤 사람은 예수님이 우리의 영혼은 구원하지만 육체적 치료나 물리적·관계적 문제는 해결되지 않을 것이라는 잘못된 믿음으로 예수님의 능력을 제한하기도 한다. 위중한 질병, 경제적 파산, 불임이나 난치병, 자녀들의 방황, 억울한 누명이나 모함 등의 어려움이 있을 때 주님께 기도하지 않고 사람을 의지하거나 내 힘으로 해결하려고 하는 것 또한 예수님의 능력을 제한하는 것이라 할 수 있다. 각자의 삶에서 눈에 보이는 현실에 가로막혀 예수님의 능력을 제한하며 온전히 의지하지 못하고 있는 것은 무엇인지 이야기해 본다.

VI. 마무리

기도로 마무리한다.
제2주 관찰문제를 예습해 오게 한다.
실천과제를 제시한다.

 **생활의 아로마**(실천)

예 1) 우리 삶에서 예수님의 능력을 제한하고 있는 편견은 무엇인지 되돌아보고, 그러한 편견을 없애 주시도록 주님께 기도한다.
2) 어려운 일을 당한 이웃을 찾아가 함께 울고 위로한다.

제2주 헌신으로 드러난 본심

학습목표

예수님에게 은혜를 입은 자로서 받은 사랑에 감사드리며, 지금 이때에 맞는 섬김을 실천한다.

KEYWORD **훼방, 본심, 헌신**

I. 찬양과 기도

II. 지난주 실천과제 나눔

III. 복습문제 풀이

 **복습**

1 예수님은 마르다에게 자신을 어떻게 소개하셨으며, 그 의미는 무엇인가?(11:25-26)

    a) 예수님 자신에 대한 소개(25절): "나는 부활이요 생명이니"

    b) 의미(25-26절): 부활이요 생명이신 예수님을 믿으면 죽어도 살고 영원히 죽지 않는다는 의미

12:1 유월절 엿새 전에 예수께서 베다니에 이르시니 이 곳은 예수께서 죽은 자 가운데서 살리신 나사로가 있는 곳이라 **2** 거기서 예수를 위하여 잔치할새 마르다는 일을 하고 나사로는 예수와 함께 앉은 자 중에 있더라 **3** 마리아는 지극히 비싼 향유 곧 순전한 나드 한 근을 가져다가 예수의 발에 붓고 자기 머리털로 그의 발을 닦으니 향유 냄새가 집에 가득하더라 **4** 제자 중 하나로서 예수를 잡아 줄 가룟 유다가 말하되 **5** 이 향유를 어찌하여 삼백 데나리온에 팔아 가난한 자들에게 주지 아니하였느냐 하니 **6** 이렇게 말함은 가난한 자들을 생각함이 아니요 그는 도둑이라 돈궤를 맡고 거기 넣는 것을 훔쳐 감이러라 **7** 예수께서 이르시되 그를 가만 두어 나의 장례할 날을 위하여 그것을 간직하게 하라 **8** 가난한 자들은 항상 너희와 함께 있거니와 나는 항상 있지 아니하리라 하시니라 **9** 유대인의 큰 무리가 예수께서 여기 계신 줄을 알고 오니 이는 예수만 보기 위함이 아니요 죽은 자 가운데서 살리신 나사로도 보려 함이러라 **10** 대제사장들이 나사로까지 죽이려고 모의하니 **11** 나사로 때문에 많은 유대인이 가서 예수를 믿음이러라

 **말씀 돋보기(관찰)**

1 이 이야기의 배경이 되는 절기는 무엇이며, 베다니에 예수님을 위해 준비된 것은 무엇인가?(12:1-2)

   a) 절기(1절): 유월절

   b) 준비(2절): 잔치

> **Tip** 본문이 언급하는 유월절은 주후 30년에 있었던 유월절로, 시간을 계산해 보면 예수님은 2년 조금 넘은 기간(햇수로 3년) 동안 사역하셨다. 예수님이 이 땅에서 보내실 마지막 유월절이 엿새 후로 다가왔다. 세상 죄를 지고 가는 하나님의 어린양이신 예수님이 온 인류를 대속하기 위해 십자

가를 지실 때가 되었다. 엿새 뒤가 유월절(금요일 밤에 시작)이라는 것은 이날이 유월절 전의 토요일 밤, 곧 우리가 종려주일이라고 부르는 날의 전야임을 알려 준다.

예수님은 제자들을 이끌고 예루살렘 근교에 있는 마을 베다니로 올라가셨다. 예수님과 제자들이 베다니에 도착하자 잔치가 벌어졌다. 나사로와 마르다와 마리아 남매 중 누구의 집에서 잔치가 벌어졌는지 정확히 알 수는 없지만, 이들은 예수님이 사랑하시는 가족이다. 그들은 예수님이 나사로를 살린 기적을 행하신 일과 죽은 나사로가 새로운 삶을 살게 된 일을 기념하고 축하하기 위해 잔치를 열었다.

2　마리아는 잔치 때 예수님을 어떻게 섬겼으며, 그녀가 드린 선물은 무엇인가?(12:3)

a) **마리아의 섬김: 향유를 예수님의 발에 붓고 자기 머리털로 발을 닦음**

b) **선물: 순전한 나드 한 근**

잔치가 한창 진행되는 동안 마리아가 향유를 가져와 예수님의 발에 붓고 자기 머리털로 발을 닦았다. 동사 '닦다'는 예수님이 제자들의 발을 씻기시는 이야기에도 사용된다. 이에 마리아가 예수님의 발을 닦는 것을 그 일을 예고하는 것으로 해석하는 이들도 있다. 당시에는 축하할 일이 있을 때 집주인이 손님의 머리 위에 기름을 붓는 것은 흔히 있었던 일이다. 마리아가 단순히 예수님을 환영하는 의미에서 이렇게 했다고 하는 이들도 있지만, 예수님이 다윗의 후손으로 오신 하나님의 아들이라는 사실과 함께 이 향유의 값을 고려하면 그녀는 메시아 왕께 경외와 존경을 표하는 의미로 기름을 부었다. 마가복음은 그녀가 예수님의 머리에 향유를 부었다고 하는데(막 14:3), 본문은 발에 부었다고 한다. 당시 사람들은 만찬을 할 때 옆으로 기댄 자세로 식사를 했기 때문에 누구든지 마음만 먹으면 만찬을 나누는 사람의 발에 쉽게 접근할 수 있었다. 아마도 예수님의 머리에 부은 것이 몸을 타고 내려와 발까지 적셨고, 발로 흘러내린 향유를 마리아가 머리털로 닦아 드렸다는 것을 의미하는 듯하다. 마리아는 예수님의 머리에 가장 비싼 향유를 붓고 주님 앞에 가장 낮게 엎드려 경배하고 있다.

마리아가 예수님께 부은 향유는 지극히 비싼 것, 곧 순전한 나드 한 근이었다. 나드의 향은 글라디올라 향과 비슷하다고 한다. 마리아는 나드 중에서도 가장 질이 좋은 나드, 곧 한 근에 300데나리온이나 하는 향유를 예수님께 드렸다. 한 데나리온은 당시 노동자의 하루 임금으로, 300데나리온은 노동자 1년 치 연봉에 해당하는 금액이다. 당시 여인들은 유산으로 이렇게 큰 액수를 받기 쉽지 않았다. 마리아는 보통 사람들이 감히 엄두도 내지 못할 일을 한 것이다.

3 마리아의 행동에 대한 가룟 유다와 예수님의 평가는 어떻게 다른가? (12:5-7)

a) 가룟 유다의 평가(5-6절): 향유를 팔아 가난한 자들에게 주지 않았다고 비난함

b) 예수님의 평가(7절): 나(예수님)의 장례를 위한 일이라고 칭찬하심

옆에서 지켜보던 가룟 유다가 모든 제자를 대표해 화를 냈다. 그는 예수님의 열두 제자 중 하나지만, 돈을 받고 예수님을 유대교 지도자들에게 넘길 악인이다. 지금까지 요한은 가룟 유다에 대해 단 한 차례 언급했는데, 그때도 그를 가리켜 마귀라고 했다(6:70-71). 그러므로 마리아는 신실한 사람의 모델이며, 가룟 유다는 정반대되는 사람이다.

가룟 유다는 "향유를 팔아 가난한 자들에게 주지 않았느냐"라며 마리아의 행위를 공개적으로 비난했는데, 이 일을 묵인하신 예수님도 비난에 포함하고 있다. 하지만 실상 가룟 유다를 비롯한 열두 제자야말로 사비를 털어서라도 마리아처럼 해야 했다. 마리아가 한 일은 예수님의 은혜를 입은 사람이 할 수 있는 최고의 예배이기 때문이다. 그러나 가룟 유다는 값비싼 향유가 낭비되고 있다고만 할 뿐, 마리아처럼 신앙적인 관점에서 이 일을 보려고 하지 않았다.

예수님은 마리아가 향유를 부은 일을 자신의 장례를 위한 일로 간주하시며 그녀를 비난하지 말라고 하신다. 유대인들은 사람이 죽으면 염을 하지 않고 악취를 줄이기 위해 시신 전체에 향료를 뿌렸다. 예수님은 마리

아의 섬김을 이런 일로 간주하셨다. 이미 부은 향유를 간직하라는 말씀이 아니다. NIV 성경은 이 구절을 "그를 가만두어라. [그녀가 값비싼 나드를 팔지 않고 가지고 있었던 것은] 나의 장례할 날을 위해 그것을 간직하기 위해서다"라고 번역한다([대괄호]안의 내용은 생략된 부분임, cf. 새번역, 공동). 마리아는 우리를 위해 목숨을 내주러 가시는 예수님의 길을 자신이 준비할 수 있는 최고의 것으로 배웅해 드리고 있다. 그녀가 예수님의 머리에 향유를 부은 일은 얼마 남지 않은 예수님의 장례를 위한 때에 맞는 아름다운 섬김이었다.

4 가룻 유다가 마리아에게 화를 낸 진짜 이유는 무엇인가? 예수님은 앞으로의 일에 대해 어떤 암시를 주시는가?(12:6, 8)

a) 진짜 의도(6절): 돈을 훔치려는 의도

b) 예수님의 암시(8절): 가난한 사람들은 항상 그들 곁에 있지만 예수님은 머지않아 떠나실 것(죽으실 것)을 암시하심

가룻 유다는 향유를 팔아서 가난한 사람들을 도왔어야 한다고 말하지만, 이는 입에 발린 말일 뿐 그는 가난한 사람들을 돕는 자가 아니다. 오히려 그는 가난한 사람들을 돕는 데 사용할 돈을 훔치는 '도둑'이다. 가룻 유다는 예수님과 제자들의 재정을 담당했는데(돈궤를 맡음), 평소에 사람들이 사역에 보태라고 헌금하고 기부한 돈 중 일부를 훔치고 빼돌렸다(6절). 그러므로 이번에도 만일 마리아가 향유를 300데나리온에 팔아 헌금했더라면, 이 돈의 일부를 도둑질했을 것이다.

예수님은 향유를 팔아 가난한 사람들을 도왔어야 한다고 말하는 가룻 유다와 제자들에게 가난한 사람들은 항상 그들 곁에 있지만 자기는 그렇지 않다며, 머지않아 떠나실 것(죽으실 것)을 암시하신다. 가난한 사람들은 항상 우리 곁에 있다는 말씀은 하나님의 백성은 항상 가난한 자들을 도와야 한다는 신명기 15:11 말씀("땅에는 언제든지 가난한 자가 그치지 아니하겠으므로 내가 네게 명령하여 이르노니 너는 반드시 네 땅 안에 네 형제 중 곤란한 자와 궁핍한 자에게 네 손을 펼지니라")을 연상케 한다. 예수님은 교회가 항상 가난한 자들을 돌보아야 한다는 뜻에서 이렇게 말

씀하셨다. 그러나 예수님이 십자가 죽음을 앞둔 이 순간은 아니다. 제자들은 예수님과 함께할 시간이 얼마 남지 않았으므로 예수님에게 집중해야 한다.

5 큰 무리가 예수님에게 몰려들자 대제사장들은 어떤 모의를 했으며, 그 이유는 무엇인가?(12:10-11)

a) 대제사장들의 모의(10절): 나사로까지 죽이려고 함

b) 이유(11절): 나사로 때문에 많은 유대인이 예수를 믿게 되었기 때문에

예수님이 베다니에 오셨다는 소문이 퍼지자 많은 유대인이 죽은 사람을 살리신 메시아와 죽었다가 살아난 나사로를 보기 위해 베다니로 몰려들었다. 이 상황을 지켜보는 대제사장들의 심기가 불편하다. 사람들이 자신들을 찾아와야 하는데 예수님과 나사로에게 몰려가고 있기 때문이다. 그들은 예수님과 나사로가 자신들이 누리는 특권과 이권을 위협한다고만 생각할 뿐, 예수님이 하나님의 아들일 가능성은 전혀 고려하지 않는다.

그들은 예수님뿐 아니라 나사로까지 함께 죽이기로 모의했다. 죽었다가 살아난 나사로로 인해 많은 유대인이 베다니에 계신 예수님을 찾아가 믿었기 때문이다. 아마도 나사로는 자신이 경험한 일에 대해 사람들에게 꾸준히 간증했을 것이다. 하나님을 사랑한다는 자들이 하나님의 아들을 훼방하고 하나님이 살리신 자를 다시 죽이려고 한다! 참으로 어이없는 일이 벌어지고 있다! 그러나 이런 일은 우리 주변에서도 계속 일어나고 있다.

<h2>VI. 적용과 나눔</h2>

 **삶의 내비게이션(적용)**

1 대제사장들과 종교 지도자들은 자신의 특권과 이권을 위협하는 예수님과 나사로를 죽이려고 모의한다. 당신의 삶과 신앙생활에서 특권

(기득권이나 이권)처럼 자리 잡고 있는 모습은 무엇인가?

관찰문제 5번 참고. 본문은 가장 종교적인 자들이 하나님을 빙자해 살인을 저지를 수 있음을 경고한다. 그들은 예수님과 나사로를 죽이는 것이 하나님 나라에 유익하다고 생각했다. 하나님을 두려워하지 않는 종교 지도자들에게 하나님은 자기 잇속을 챙기는 이용 수단에 불과하다. 그러므로 높은 리더십에 오를수록 더 낮아지고 더 기도하며 꾸준히 자신을 성찰해야 한다.

하나님의 자녀 됨이나 교회 안에서 받은 직분이 하나님이 아니라 자신의 유익을 위해 사용될 때 특권 의식으로 자리잡게 된다. 우리가 하나님께 받은 특권이 특정 집단이나 개인의 이권 또는 기득권이 되지 않으려면 하나님의 나라와 영광을 위해 쓰임받아야 한다. 자기만 옳다고 생각하고 주장하는 것, 먼저 믿은 자들이 초신자들의 열심을 보며 한때라고 경시하는 것, 가정에서 부모가 자녀를 심리적으로나 물리적인 힘으로 누르는 것, 직장 상사가 직원들에게 언어폭력을 행사하거나 비인격적으로 대우하는 것, 남에게 사적인 일을 시키는 것, 편하고 좋은 자리(일)를 선점하는 것 등은 우리 생활 속에서 흔히 찾아볼 수 있는 특권과 기득권의 예라고 할 수 있다. 각자의 삶과 신앙생활에서 의식하지 못한 채 특권처럼 자리잡고 있는 모습은 무엇인지 이야기해 본다.

2 마리아는 예수님의 발에 향유를 부음으로써 예수님의 장례를 준비하는 때에 맞는 아름다운 섬김을 실천했다. 당신이 하나님 나라와 복음을 위해 지금 이때 할 수 있는 일은 무엇인가?

관찰문제 2, 3번 참고. 예수님은 향유를 팔아 가난한 자들에게 나눠 줘야 한다며 분노하는 가룟 유다에게 마리아가 한 일은 '좋은 일'이라고 말씀하셨다. 가난한 사람은 항상 그들 곁에 있지만 예수님은 조금 후면 떠나실 것이기 때문이다. 제자들은 가난한 사람들을 꾸준히 도와야 하지만 지금은 예수님과 함께할 시간이 얼마 남지 않았으므로 예수님에게 집중해야 한다. 그런 관점에서 마리아는 때에 맞는 좋은 일, 즉 아름다운 섬김을 실천한 것이다.

제자들의 말처럼 구제도 좋은 일이지만, 때로는 구제보다 더 시급하게 해야 할 중요한 일이 있다. 그 순간을 놓치면 영원히 할 수 없는 일도 있다. 그러므로 그 순간에만 할 수 있는 중요한 일을 놓치지 않도록 때를 분별하는 영성과 지혜를 꾸준히 구해야 한다. 또한 이런 기회를 깨달을 때는 주저하지 않아야 한다.

우리 인생에도 때를 놓쳐 아쉬움으로 남은 일들이 있다. 학창 시절 공부를 열심히 하지 못한 것, 부모님에게 효도하지 못한 것, 일에 쫓겨 자녀들과 시간을 보내지 못한 것, 부부간에 사랑을 표현하지 못한 것, 사랑했던 사람과 결혼 시기를 놓친 것, 돌아가신 부모나 형제에게 복음을 전하지 못한 것, 젊은 시절 방황하며 허송세월한 것 등은 그 순간에만 할 수 있었던 일들이기에 후회와 아쉬움으로 남게 된다. 하지만 어떤 사람들은 똑같은 상황에서 때에 맞는 말과 행동으로 '아름다운 일'을 만들어 간다. 각자의 삶에서 하나님 나라와 복음을 위해 더 늦기 전에, 지금 이때 할 수 있는 일은 어떤 것이 있는지 이야기해 본다.

3 가룟 유다는 마리아가 값비싼 향유를 낭비했다고 비난했지만, 마리아는 예수님께 은혜를 입은 사람으로서 최고의 것으로 예배를 드렸다. 당신이 하나님 보시기에 선한 일을 하거나 훼방했던 일은 무엇인가?

관찰문제 4번 참고. 마리아는 예수님을 위해 경제적 논리로는 도저히 설명되지 않는 일을 했다. 상상을 초월하는 귀중품으로 예수님을 예배한 것이다. 가룟 유다는 큰돈을 낭비했다며 그녀를 비난했다. 그러나 예수님은 마리아가 한 일을 귀하게 여기셨다. 경제적 논리가 하나님을 사랑하고 예배하는 일을 앞서서는 안 된다고 하신 것이다.

교회는 하나님 나라의 확장을 위해 때로는 비효율적이고 경제적으로 손해 보는 길을 가야 한다. 아무리 능률적이고 효과적으로 보이더라도 비윤리적이거나 하나님께 드리는 올바른 예배가 아니라면 멀리해야 한다. 교회는 손해를 보더라도 선한 일을 하기 위해 세상에 존재한다.

또한 그리스도인은 삶에서 선한 일을 실천하는 데 주체적이고 협조적이어야 한다. 예배와 기도, 전도, 셀 모임 및 각종 행사, 가난하고 소외된 이웃을 보살피고 돕는 일, 마을 청소, 지역 아동 돌봄, 청소년 지킴이, 환경 보호 등에 앞장설 수 있다. 이때 주의할 점은 다른 사람의 선의와 헌신을 훼방하거나 제한해서는 안 된다는 것이다. 자신이 적극적으로 참여하지 않으면서 열정을 가지고 헌신하는 사람을 모함하거나, 집단 따돌림 또는 마녀사냥으로 훼방해서는 안 된다. 각자의 자리에서 하나님 보시기에 선한 일을 협조했던 일 또는 훼방했던 일은 무엇인지 이야기해 본다.

기도로 마무리한다.
제3주 관찰문제를 예습해 오게 한다.
실천과제를 제시한다.

 **생활의 아로마(실천)**

예 1) 나는 선한 일을 훼방하는 자인지 협조하는 자인지 돌아보고, 하나님 나라
와 복음을 위해 내가 할 수 있는 것 한 가지를 구체적으로 실천해 본다.
2) 말로만 하고 물질로 표현되지 않는 신앙적 모습은 없는지 점검해 본다.

제3주 겸손한 왕, 예수

요한복음 12:12-26

고난받는 종으로 오신 겸손한 메시아 예수님처럼 우리도 하나님 나라를 위해 희생과 헌신의 삶을 살아간다.

KEYWORD **겸손, 구원, 희생**

I. 찬양과 기도

II. 지난주 실천과제 나눔

III. 복습문제 풀이

 **복습**

1 마리아는 잔치 때 예수님을 어떻게 섬겼으며, 그녀가 드린 선물은 무엇인가?(12:3)

 a) 마리아의 섬김: 향유를 예수님의 발에 붓고 자기 머리털로 발을 닦음

 b) 선물: 순전한 나드 한 근

12:12 그 이튿날에는 명절에 온 큰 무리가 예수께서 예루살렘으로 오신다는 것을 듣고
13 종려나무 가지를 가지고 맞으러 나가 외치되

호산나 찬송하리로다

주의 이름으로 오시는 이

곧 이스라엘의 왕이시여

하더라 14 예수는 한 어린 나귀를 보고 타시니 15 이는 기록된 바

시온 딸아 두려워하지 말라 보라

너의 왕이 나귀 새끼를 타고 오신다

함과 같더라 16 제자들은 처음에 이 일을 깨닫지 못하였다가 예수께서 영광을 얻으신 후에야 이것이 예수께 대하여 기록된 것임과 사람들이 예수께 이같이 한 것임이 생각났더라 17 나사로를 무덤에서 불러내어 죽은 자 가운데서 살리실 때에 함께 있던 무리가 증언한지라 18 이에 무리가 예수를 맞음은 이 표적 행하심을 들었음이러라 19 바리새인들이 서로 말하되 볼지어다 너희 하는 일이 쓸 데 없다 보라 온 세상이 그를 따르는도다 하니라 20 명절에 예배하러 올라온 사람 중에 헬라인 몇이 있는데 21 그들이 갈릴리 벳새다 사람 빌립에게 가서 청하여 이르되 선생이여 우리가 예수를 뵈옵고자 하나이다 하니 22 빌립이 안드레에게 가서 말하고 안드레와 빌립이 예수께 가서 여쭈니 23 예수께서 대답하여 이르시되 인자가 영광을 얻을 때가 왔도다 24 내가 진실로 진실로 너희에게 이르노니 한 알의 밀이 땅에 떨어져 죽지 아니하면 한 알 그대로 있고 죽으면 많은 열매를 맺느니라 25 자기의 생명을 사랑하는 자는 잃어버릴 것이요 이 세상에서 자기의 생명을 미워하는 자는 영생하도록 보전하리라 26 사람이 나를 섬기려면 나를 따르라 나 있는 곳에 나를 섬기는 자도 거기 있으리니 사람이 나를 섬기면 내 아버지께서 그를 귀히 여기시리라

 말씀 돋보기(관찰)

1 예수님이 예루살렘에 입성하실 때 이용하신 이동 수단은 무엇이며, 이것을 선택하신 이유는 무엇인가?(12:14, Tip)

a) 이동 수단(14절): 어린 나귀

b) 이유(Tip): 고난받는 종으로 온 겸손한 메시아로 예루살렘에 입성하기 위해

> **Tip** 예수님이 예루살렘에 입성하실 때, 예루살렘은 유월절을 기념하기 위해 곳곳에서 올라온 순례자로 넘쳐났다. 당시 예루살렘과 주변에는 10만 명가량이 살고 있었는데, 종교 절기에는 이스라엘 각지에서 온 순례자뿐 아니라 세계 곳곳에서 온 디아스포라 순례자까지 합해 100만 명가량 되었다고 한다. 순례자 중 상당수가 예수님의 영광스러운 입성을 보고자 거리로 나왔다.
>
> 이날 예수님은 예루살렘에 입성하시면서 어린 나귀를 타셨다. 예수님이 나귀를 타고 입성하신 것은 "시온의 딸아 크게 기뻐할지어다 예루살렘의 딸아 즐거이 부를지어다 보라 네 왕이 네게 임하시나니 그는 공의로우시며 구원을 베푸시며 겸손하여서 나귀를 타시나니 나귀의 작은 것 곧 나귀 새끼니라"라는 스가랴 9:9 말씀의 성취다.
>
> 스가랴는 메시아가 나귀를 타신 이유는 겸손하기 때문이라고 한다. 예수님은 당시 유대인들이 기대하던 정복자 메시아가 아니라 고난받는 종(사 53장)으로 온 겸손한 메시아로 예루살렘에 입성하기 위해 나귀를 취하셨다. 제자들은 예수님이 나귀 새끼를 타고 입성하신 일이 의미하는 바를 깨닫지 못하다가 훗날 예수님이 십자가에서 죽으시고 부활하신 후에야 나귀를 타고 이스라엘 왕으로 오신 이 일의 의미를 비로소 깨닫는다. 팔레스타인에서 나귀는 평화로운 시대에 통치자들이 타는 짐승이었다. 전쟁과 정복의 표상이 되는 말을 타고 입성하는 왕의 모습과 대조를 이룬다.

2 사람들은 예수님의 예루살렘 입성에 어떻게 반응했는가? 그들이 외친 '호산나'는 어떤 염원을 담은 표현인가?(12:13, Tip)

a) 사람들의 반응(13절): 종려나무 가지를 가지고 맞으러 나가 "호산나 찬송하리로다 주의 이름으로 오시는 이 곧 이스라엘의 왕이시여"라고 외침

b) '호산나'의 의미(Tip): 지금 당장 구원해 달라는 염원을 담은 표현

예수님이 나귀를 타고 예루살렘에 입성하신 날은 일요일이다. 사람들이 펼쳐 놓은 것이 종려나무였기 때문에 오늘날 교회는 이날을 '종려주일'로 부른다. 입성하는 예수님을 환영하는 사람 중에는 소식을 듣고 예루살렘에서 종려나무 가지를 꺾어 들고 예수님을 맞으러 성 밖으로 나온 이들도 있었다. 종려나무는 장막절과 수전절에 하나님의 승리와 권세와 부활의 상징으로 사용되었다. 마태복음 21:8은 예수님이 입성하실 때 수많은 사람이 길에 겉옷을 펴고 종려나무 가지를 베어다가 펴서 그 위를 지나가게 했다고 기록한다. 이는 이방인들의 억압으로부터 해방할 메시아 왕이 오셨다며 예우를 취하는 모습이며, 그러한 메시아에게 복종하겠다는 의미다.

그들은 메시아에 대한 소망을 담아 감격한 목소리로 크게 외쳤다. "호산나 찬송하리로다 주의 이름으로 오시는 이 곧 이스라엘의 왕이시여"(13절). '호산나'는 지금 당장 구원해 달라는 염원을 표현하는 히브리어 문구 '호시아나'(지금 구원하소서)를 반영한 것이다(시 118:25). 원래는 도움을 구하는 호소였지만, 세월이 지나면서 환호와 갈채로 사용되었다. '찬송하리로다'를 직역하면 '복되시다'라는 뜻이다. 순례자들의 외침이 예루살렘 지도자들을 한층 더 자극했다.

3 예수님이 하신 일을 증언한 자들은 누구이며, 이와 대조적으로 절망한 자들은 누구인가?(12:17-19)

a) 증언한 자들(17절): 나사로를 죽은 자 가운데서 살리실 때 함께 있던 무리

b) 절망한 자들(19절): 바리새인들

예수님은 나귀를 타고 예루살렘에 입성하셨고, 죽은 나사로를 살리실 때

함께 있었던 무리가 그 기적에 대해 증언했다. 나사로에 관한 일을 들은 사람들은 예수님을 환영했다. 이스라엘이 오랫동안 기다리던 메시아가 드디어 오셨기 때문이다.

새로운 시대가 시작될 것이라는 기대감에 들뜬 사람들과 달리 절망하고 좌절하는 사람들도 있었다. 바리새인들이다. 사람들이 예수님을 따르는 모습을 본 바리새인들은 예수님을 음해하기 위해 자신들이 하는 모든 일이 쓸데없다며 절망했다. 그들의 노력에도 불구하고 온 세상이 예수님을 따르는 듯 보였기 때문이다. 만일 이날 이스라엘의 왕으로 오신 예수님이 로마를 상대로 반란을 일으키셨다면 이 무리는 그대로 따랐을 것이다.

4 예수님을 뵙고자 찾아온 사람들은 누구인가? 예수님이 말씀하신 '인자가 영광을 얻을 때'는 무엇을 의미하는가?(12:20, Tip)
a) 찾아온 사람들(20절): 헬라인 몇 명
b) 의미(Tip): (예수님이) 십자가에 죽으실 때를 의미함

유월절 절기를 기념하기 위해 예루살렘으로 모여든 수많은 순례자 중 헬라인들도 있었다. '헬라인'은 비유대인을 뜻한다. 이 사람들은 하나님을 경외하지만 유대교는 거부하는 이방인들이다. 가버나움의 백부장(눅 7:1-10)과 고넬료(행 10장)가 이런 사람이다. 이들은 온 세상에 흩어져 있는 하나님의 자녀들과 예수님이 말씀하신 '다른 양들'을 상징한다. 예수님을 영접할 준비가 된 이방인인 것이다. 그들은 열두 제자 중 하나인 빌립에게 예수님을 뵙게 해 달라고 청했다.

그때 예수님은 인자가 영광을 얻을 때가 왔다고 하신다. 이방인들이 예수님에게 모이기 시작하는 것은 예수님이 영광을 받으실 때(십자가에서 죽으실 때)가 되었음을 알리는 신호탄이라는 뜻이다. 영광을 받으실 때가 곧 십자가에서 죽으실 때라는 것은 모순적이다. 또한 옛적부터 계신 하나님으로부터 세상에 대한 모든 권세를 받으신 인자가 십자가 죽음을 통해 그 권세를 행하시는 것도 모순적이다. 그러나 이 모순을 통해 예수님은 지금까지 유대인을 대상으로 했던 사역을 마치고 온 세상 사람을 위해 사역하실 것이다.

5 '자기 생명을 미워하는 것'은 무엇을 의미하는가? 예수님을 섬기려면 어떻게 해야 하는가?(12:25-26, Tip)

   a) 의미(Tip): 자기중심적으로 살지 말라는 의미

   b) 예수님을 섬기려면(26절): 예수님을 따라야 함

예수님은 제자들에게 한 알의 밀이 땅에 떨어져 죽지 않으면 한 알 그대로 있지만, 씨앗이 땅에 묻혀 죽으면 많은 열매를 맺는다는 '하나님 나라의 원칙'을 가르쳐 주신다. 예수님은 며칠 후 한 알의 밀알이 되어 땅에 떨어져 죽음을 맞이하실 것이다. 다행히 죽음이 끝은 아니다. 한 알의 씨앗이 되어 죽으신 예수님은 부활해 수많은 열매를 맺으실 것이다.

또한 예수님은 제자들에게 다른 원리로 살아가라고 하신다. 누구든지 자기 생명을 사랑하는 자는 그 생명을 잃을 것이고, 반면에 누구든지 자기 생명을 미워하는 사람은 영원히 살 것이다. 이 말씀은 자기 자신을 문자적으로 미워하라는 말씀이 아니다. 자기중심적으로 살지 말고 예수님 중심으로 살아가라는 권면이다. 예수님에 대한 사랑과 헌신이 자기 자신에 대한 사랑과 헌신보다 더 커야 한다.

그렇다면 사람이 어떻게 자기 자신보다 예수님을 더 사랑하며 살 수 있을까? 예수님을 섬기지 않고는 불가능한 일이다. 예수님을 섬기는 사람은 반드시 예수님을 따라야 한다. 예수님을 따르는 것은 헌신을 전제한다. 예수님이 가르치신 삶의 방식에 따라 살려면 희생을 각오해야 하기 때문이다. 이렇게 사는 사람은 항상 주님과 함께 있다. 하늘나라에서도 예수님과 함께 있을 것이다. 하나님이 예수님을 귀하게 여기신 것처럼 예수님과 함께 있는 그를 귀하게 여기실 것이다.

Ⅵ. 적용과 나눔

 **삶의 내비게이션(적용)**

1 예수님은 한 알의 밀알이 되어 땅에 떨어져 죽으심으로 많은 열매를

맺으셨다. 당신의 희생과 헌신을 통해 당신과 이웃이 경험한 은혜는 어떤 것이 있는가?

관찰문제 5번 참고. 예수님을 따르는 것은 희생과 헌신을 전제한다. 희생과 헌신 없이는 열매를 맺을 수 없다. 예수님은 한 알의 밀알이 되어 땅에 떨어져 죽으심으로 많은 열매를 맺으셨다. 또한 십자가에서 죽으심을 통해 영광을 얻으셨다. 우리도 하나님 나라를 위해 희생과 헌신을 각오해야 한다. 우리는 이 땅에서 헌신하고 희생하는 것보다 몇 배 더 많은 복을 하늘나라에서 예수님과 함께 누리게 될 것이다. 그러므로 헌신과 희생은 생명을 창조하는 아름다운 것이다. 하나님은 그리스도인들의 헌신을 통해 세상이 하나님을 알고, 하나님의 은혜와 복을 경험하길 원하신다. 믿지 않는 부모나 남편 그리고 자녀들의 구원을 위해 끝까지 기도했더니 그들이 마침내 예수님을 믿게 된 이야기, 믿음을 가지고 어려움을 이겨 낸 부모님이나 선배들의 이야기, 병에 걸린 환우를 오랜 시간 간호하고 돌본 이야기, 일찍 출근해 사무실을 청소하거나 소외된 동료들에게 친구가 되어 준 이야기, 방황하는 청소년을 성인이 될 때까지 돌봐준 교사의 이야기 등 희생과 헌신을 통해 자신과 이웃이 경험한 은혜를 이야기해 본다.

2 예수님은 유대인들이 기대하던 정복자가 아니라 고난받는 종으로 오신 겸손한 메시아다. 그러나 제자들도 이러한 예수님의 사역을 깨닫지 못했다. 당신이 처음 예수님을 믿었을 때 예수님을 누구로 고백했는가? 지금은 예수님을 누구로 고백하는가?

관찰문제 1번 참고. 요한복음에서 예수님은 자신이 누구인지를 일곱 가지 '나는 …이다'로 계시하신다. 첫째, 예수님은 생명의 떡이시다(6:35). 하나님은 누구든지 믿는 자는 영생을 얻도록 예수님을 이 땅에 생명의 떡으로 보내셨다. 그러므로 생명의 떡이신 예수님을 믿어야 영생에 이를 수 있다. 예수님을 떠나서는 구원이 없다. 둘째, 예수님은 세상의 빛이시다(8:12). 예수님을 영접한 사람은 빛이 길을 밝히듯 예수님이 그가 가는 길을 인도하실 것이다. 그리고 끝에 가서는 영생을 얻을 것이다. 그러므로 믿음의 주요 또 온전하게 하시는 예수님을 항상 바라보며 살아야 한다. 셋째, 예수님은 양의 문이시며(10:7, 9), 넷째, 예수님은 선한 목자시다(10:11). 선한 목자이신 예수님은 우리를 살리기 위해 스스로 생명을 내놓으셨고, 우리가 이 땅에 사는 동안 선한 길로 인도하신다. 사람이 구원에 이르는 유일한 길은 예수님뿐이다. 양의 문이신 예수님을 통과하지 않고는 하나님의 양이 될 수 없다. 예수님은 인류의 유일한 구세주시다. 다섯째, 예수님은 부활이요 생명이시다(11:25). 부활과 생명이신 예수님을 믿는 사람은 육체적으로 죽더라도 영적으로 살 것이다. 믿는 자들은 이미 부활했고 영생을 누리고 있다. 우리에게 이생과 내세는 단절되지 않고 이어지는 하나다. 여섯째, 예수님은 길이요 진리요 생명이시다(14:6). 예수님은 인간이 하나님 나라로 가는 유일한 길이며, 유일한 진리이며, 유일한 생명이라는 의미다. 세상이 인정하든 부인하든 기독교는 이 진리를 고수해 왔으며, 이러한 확신과 고백은 앞으로도 주님이 오실 때까지 계속될 것이다. 마지막으로 예수님은 참 포도나무이시다(15:1, 5). 그리고 우리는 가지다. 가지는 포도나무이신 예수님에게 붙어 있어야 한다. 우리의 모든 것이 포도나무이신 예수님으로부터 공급되기 때문이다. 또한 가지가 열매를 맺는 것은 나무에 붙어 있다는 증거다. 무엇보다 우리가 예수님 안에 거하고, 예수님이 우리 안에 거하시는 것이 중요하다.

우리는 평생 예수님을 구세주로 고백하며 여기까지 왔다. 심지어 주님의 나라를 위해 사역자로 헌신하기까지 했다. 그러나 한 번 더 충분한 시간을 가지고 질문해 보아야 한다. 이 질문에 어떻게 답하는지가 장차 우리의 삶과 사역에 더 큰 영향력을 행사할 것이며, 더 큰 변화를 가져올 것이기 때문이다. 처음 예수님을 믿었을 때 예수님을 누구로 고백했는지, 그리고 지금은 예수님을 어떤 분으로 고백하고 있는지 이야기해 본다.

3 예수님이 예루살렘에 입성하실 때 사람들은 '우리를 구원해 달라'라는 염원을 담아 '호산나'를 외쳤다. 당신은 지금 무엇을 염원하고 있으며, 무엇을 위해 기도하고 있는가?

관찰문제 2번 참고. 유월절 절기가 되면 예루살렘은 수많은 순례자로 넘쳐난다. 순례자 중 상당수가 예수님이 예루살렘으로 오신다는 소문을 듣고 그분의 영광스러운 입성을 보고자 거리로 나왔다. 입성하는 예수님을 환영하는 사람 중에는 종려나무 가지를 꺾어 들고 성 밖으로 나온 이들도 있었다. 그들은 종려나무 가지를 흔들며 하나님의 승리와 권세와 부활을 기원했다. 또한 메시아에 대한 소망을 담아 감격한 목소리로 "호산나 찬송하리로다 주의 이름으로 오시는 이 곧 이스라엘의 왕이시여!"라고 크게 외쳤다. '호산나'는 예수님이 우리를 구원하실 메시아이심을 찬양하는 강력한 외침이다. 아이러니하게도 사람들은 예수님이 고난받는 종으로서 십자가에서 죽임당하는 메시아이심을 알지 못했지만 '호산나'를 외쳤고, 예수님은 그들의 외침대로 인류를 구원하는 메시아가 되셨다. 인류를 향한 구원 계획이 하나님의 역사하심 속에서 성취되어 가고 있음을 발견하게 되는 대목이다.

우리도 저마다 염원을 담아 기도하는 제목들이 있다. 세계와 나라의 평화와 안정을 위해, 하나님 나라와 교회의 부흥과 복음 전도를 위해, 가족의 영혼 구원을 위해, 아픈 자들의 치료와 회복을 위해, 믿음의 배우자를 만나 결혼하기 위해, 맡은 일이나 사명을 잘 감당하기 위해 간절한 마음과 염원을 담아 기도한다. 각자 지금 염원하고 소망하며 기도하고 있는 것은 무엇인지 이야기해 본다.

Ⅶ. 마무리

기도로 마무리한다.
제4주 관찰문제를 예습해 오게 한다.
실천과제를 제시한다.

 **생활의 아로마**(실천)

예 1) 다른 사람의 희생과 헌신으로 내가 경험한 은혜를 돌아보고, 나 역시 축복의 통로가 되어 받은 사랑을 흘려 보낸다.

2) 주변에 어려움을 겪는 이웃이 없는지 살펴보고, 그들의 구원과 회복을 위해 기도한다.

제4주 섬김의 교본

학습목표

주인이신 예수님이 제자들의 발을 씻어 주신 일을 본받아, 삶의 낮은 자리로 내려가 이웃을 사랑하고 섬김을 실천한다.

KEYWORD 사랑, 섬김, 낮아짐

I. 찬양과 기도

II. 지난주 실천과제 나눔

III. 복습문제 풀이

 **복습**

1 사람들은 예수님의 예루살렘 입성에 어떻게 반응했는가? 그들이 외친 '호산나'는 어떤 염원을 담은 표현인가?(12:13, Tip)

   a) 사람들의 반응(13절): 종려나무 가지를 가지고 맞으러 나가 "호산나 찬송하리로다 주의 이름으로 오시는 이 곧 이스라엘의 왕이시여"라고 외침

   b) '호산나'의 의미(Tip): 지금 당장 구원해 달라는 염원을 담은 표현

13:1 유월절 전에 예수께서 자기가 세상을 떠나 아버지께로 돌아가실 때가 이른 줄 아시고 세상에 있는 자기 사람들을 사랑하시되 끝까지 사랑하시니라 2 마귀가 벌써 시몬의 아들 가룟 유다의 마음에 예수를 팔려는 생각을 넣었더라 3 저녁 먹는 중 예수는 아버지께서 모든 것을 자기 손에 맡기신 것과 또 자기가 하나님께로부터 오셨다가 하나님께로 돌아가실 것을 아시고 4 저녁 잡수시던 자리에서 일어나 겉옷을 벗고 수건을 가져다가 허리에 두르시고 5 이에 대야에 물을 떠서 제자들의 발을 씻으시고 그 두르신 수건으로 닦기를 시작하여 6 시몬 베드로에게 이르시니 베드로가 이르되 주여 주께서 내 발을 씻으시나이까 7 예수께서 대답하여 이르시되 내가 하는 것을 네가 지금은 알지 못하나 이 후에는 알리라 8 베드로가 이르되 내 발을 절대로 씻지 못하시리이다 예수께서 대답하시되 내가 너를 씻어 주지 아니하면 네가 나와 상관이 없느니라 9 시몬 베드로가 이르되 주여 내 발뿐 아니라 손과 머리도 씻어 주옵소서 10 예수께서 이르시되 이미 목욕한 자는 발밖에 씻을 필요가 없느니라 온 몸이 깨끗하니라 너희가 깨끗하나 다는 아니니라 하시니 11 이는 자기를 팔 자가 누구인지 아심이라 그러므로 다는 깨끗하지 아니하다 하시니라 12 그들의 발을 씻으신 후에 옷을 입으시고 다시 앉아 그들에게 이르시되 내가 너희에게 행한 것을 너희가 아느냐 13 너희가 나를 선생이라 또는 주라 하니 너희 말이 옳도다 내가 그러하다 14 내가 주와 또는 선생이 되어 너희 발을 씻었으니 너희도 서로 발을 씻어 주는 것이 옳으니라 15 내가 너희에게 행한 것 같이 너희도 행하게 하려 하여 본을 보였노라 16 내가 진실로 진실로 너희에게 이르노니 종이 주인보다 크지 못하고 보냄을 받은 자가 보낸 자보다 크지 못하나니 17 너희가 이것을 알고 행하면 복이 있으리라 18 내가 너희 모두를 가리켜 말하는 것이 아니니라 나는 내가 택한 자들이 누구인지 앎이라 그러나 내 떡을 먹는 자가 내게 발꿈치를 들었다 한 성경을 응하게 하려는 것이니라 19 지금부터 일이 일어나기 전에 미리 너희에게 일러 둠은 일이 일어날 때에 내가 그인 줄 너희가 믿게 하려 함이로라 20 내가 진실로 진실로 너희에게 이르노니 내가 보낸 자를 영접하는 자는 나를 영접하는 것이요 나를 영접하는 자는 나를 보내신 이를 영접하는 것이니라

 ## 말씀 돋보기(관찰)

1 예수님은 유월절 전에 어떤 일이 일어날 것을 아셨는가? 때가 이른 줄 아신 예수님은 제자들을 어떻게 대하셨는가?(13:1)

a) 유월절 전에 일어날 일: 예수님이 이 세상을 떠나 아버지께로 돌아가심

b) 제자들을 향한 태도: 사랑하시되 끝까지 사랑하심

 예수님은 그동안 계속 자기 때가 아니라고 하셨지만, 이번 유월절 절기 중 드디어 때가 이를 것이다. 때가 이르면 무슨 일이 일어날 것인가? 예수님이 지난 30여 년간 지내신 이 세상을 떠나 하나님 아버지께로 돌아가실 것이다.

죄와 악이 성행하는 세상을 떠나는 일은 거룩하신 예수님에게 기쁘고 홀가분한 일이 될 수도 있지만, 정작 예수님은 많은 미련과 아쉬움으로 만감이 교차한다. 무엇보다도 이 땅에 남겨 둘 자기 사람들(제자)로 인해 마음이 무겁다. 예수님은 자기 사람들을 사랑하시되 끝까지 사랑하셨다. 죽을 각오로 사랑하셨다는 뜻이다. 성육신하신 예수님이 이 땅에 오셨을 때 그분의 백성이 주님을 영접하지 않았다는 사실을 생각하면 더욱더 감동적인 사랑이다. 예수님은 한 방향 사랑으로 우리를 끝까지 사랑하시기 때문에 우리의 죄와 실수는 우리를 향한 주님의 사랑을 방해할 수 없다.

2 가룟 유다의 계획은 무엇이며, 그를 조종하고 있는 실체는 누구인가?(13:2)

a) 계획: 예수님을 유대교 지도자들에게 팔아넘기려 함

b) 가룟 유다를 조종하는 실체: 마귀

 열두 제자 중 예수님의 사랑을 거부하는 자가 있다. 바로 가룟 유다다. 그는 오히려 예수님을 팔아넘길 생각을 하고 있다. 가룟 유다는 예수님을 훼방하는 마귀의 권세를 상징한다. 예수님은 이러한 사실을 알고 계

셨지만 그를 내치지 않으시고 품으셨다. 예수님이 자기 사람들을 끝까지 사랑하기 위해서는 십자가에서 죽으셔야 한다. 당시 예수님이 십자가에서 죽임당할 유일한 길은 유대인 지도자들이 예수님에게 누명을 씌우고 사람을 처형할 권한을 가진 로마 사람들을 속여 그들로 하여금 예수님을 처형하게 하는 것뿐이었다. 그러므로 가룟 유다가 이 일을 위해 예수님을 유대인들에게 팔아넘길 것이다.

가룟 유다는 예수님을 유대교 지도자들에게 팔아넘길 계획을 세우면서 자기 스스로 이런 일을 한다고 생각했을 것이다. 그러나 요한은 그가 마귀에게 이용당하고 있다고 한다. 마치 예수님이 하시는 모든 일이 하나님 아버지의 뜻에 따라 하시는 일인 것처럼 가룟 유다가 하는 일은 마귀의 뜻에 따라 하는 일이다. 가룟 유다를 조종하기 위해 마귀가 벌써 그의 마음에 예수님을 팔려는 생각을 넣었다. 가룟 유다는 나쁜 생각을 마음에 둠으로써 마귀에게 틈을 준 탓에 이렇게 되었다. 유다의 배신으로 예수님은 십자가에서 죽임당하고 부활하신 후에 하나님께 돌아가실 것이다. 마귀와 가룟 유다의 역할도 하나님이 진행해 가시는 구속사의 일부일 뿐이다.

3 유월절 식사 도중에 예수님이 하신 행동과 그것이 상징하는 바는 무엇인가?(13:4-5, Tip)

a) 행동(5절): 제자들의 발을 씻어 주심

b) 상징(Tip): 십자가 죽음을 통해 제자들을 섬기실 것을 상징함

유월절 만찬이 한창 무르익어 갈 때 예수님이 자리에서 일어나 겉옷을 벗고 수건을 가져다가 허리에 두르셨다. 겉옷을 벗으시고(내려 두고) 수건을 두르신 것(올린 것)은 예수님이 자기 생명을 내려놓았다가 다시 드시는 것을 상징한다고 해석하는 이들도 있다. 예수님은 대야에 물을 떠서 제자들의 발을 씻기시고 허리에 두르신 수건으로 닦아 주셨다. 당시 사람들은 손님을 맞이할 때 환영의 의미로 발을 씻어 주었다.

가나안 도로에는 먼지가 많고 사람들이 대부분 샌들을 신고 다니다 보니 남의 발을 씻어 주는 것은 역겨운 일이었다. 손님의 발을 씻기는 일은 노

예 중에서도 가장 낮은 자가 도맡아 하는 일이었으며, 유대인 노예에게
는 이런 일을 시키지 않았다. 심지어 친구 사이라 할지라도 발은 씻어 주
지 않았다. 윗사람이 아랫사람의 발을 씻어 주는 일은 수많은 고대 문헌
기록 중 이곳이 유일하다. 예수님은 당시의 사회적 관행을 깨고 있을 뿐
아니라, 하나님이 인간이 되신 것처럼 이번에는 왕이 종이 되셨다. 예수
님이 발을 씻어 주신 제자 중에는 가룟 유다도 포함되어 있다.

또한 발을 씻기는 일은 앞으로 수행해야 할 임무 및 제자들과의 관계를
준비하는 행위였다. 이는 예수님이 제자들의 발을 씻기심으로써 앞으로
십자가 죽음을 통해 그들을 섬기실 것을 상징한다. 예수님은 십자가에
서 죽으시고 부활하신 이후 제자들이 시작해야 할 일과 맺어야 할 관계
를 준비하신다. 예수님이 제자들의 발을 씻기신 일을 통해 유월절은 더
는 과거의 일을 기념하는 잔치가 아니라 앞으로 하나님이 행하실 새로운
일의 시작을 알리는 잔치로 변화하고 있다.

4 예수님이 발을 씻기려 하실 때 베드로는 어떤 반응을 보였는가? 그
에 대해 예수님은 뭐라고 대답하셨는가?(13:8)
a) 베드로의 반응: 자기 발을 절대 씻기지 못할 것이라고 강하게 부정함
b) 예수님의 대답: 베드로의 발을 씻길 수 없다면 그와 아무런 상관이 없다고
   하심

베드로는 예수님이 하시는 대로 따를 수 없다며 다른 제자들의 발은 몰
라도 자기 발만큼은 절대 씻기지 못하실 것이라고 강하게 부정한다. 베
드로가 예수님에게 '영원히' 자기 발을 씻길 수 없다고 하는 것과 달리
예수님이 제자들의 발을 씻기시는 일이 '영원히' 효력을 발휘한다는 사
실이 아이러니하다. 베드로의 반응은 겉으로 보기에는 윗사람이 아랫사
람의 발을 씻기는 일은 사회 관념상 있을 수 없는 일이라는 겸손에서 비
롯된 거부처럼 보인다. 그러나 예수님이 그동안 그와 쌓아 온 관계를 근
거로 말씀하시는데도 거부하는 것을 보면 실상 그의 반응은 겸손을 빙자
한 불신이라 할 수 있다. 그동안 예수님이 그에게 보여 주신 신실함을 생
각하면 이번에도 허튼 일을 하실 분이 아니라는 것을 믿어야 했다.

베드로가 반발하자 예수님은 만일 베드로의 발을 씻길 수 없다면 그와 아무런 상관이 없다고 잘라 말씀하셨다. 예수님과 베드로는 아무 관계도 아닌 남남이 된다는 것이다. 당황한 베드로는 예수님에게 자기 발뿐 아니라 손과 머리도 씻겨 달라고 간청했다. 그러자 예수님은 이미 목욕한 자는 발밖에 씻을 필요가 없다고 하신다. 목욕한 사람의 몸은 깨끗하기 때문이다. 온몸이 깨끗하다는 것은 그동안 제자들이 예수님 안에 거하면서 자신들의 경건과 성결을 유지해 온 것을 뜻하고, 이런 사람들에게 발 씻음만 필요하다는 것은 이제부터는 예수님의 십자가를 통한 칭의(의롭게 하심)만이 필요하다는 의미다.

예수님은 제자들에게 그들이 깨끗하지만 전부는 아니라고 하신다. 바로 가룟 유다를 두고 하시는 말씀이다. 열두 제자 중 열한 명은 깨끗하지만, 예수님을 유대인들에게 팔아넘기려는 가룟 유다의 몸은 깨끗하지 않다. 그는 경건하지도 성결하지도 않다. 예수님이 이 사실을 알면서도 그의 발을 씻기신 것은 회개하라는 마지막 권면이라 할 수 있다.

5 예수님과 제자들은 어떤 관계이며, 예수님이 제자들의 발을 씻기신 이유는 무엇인가?(13:13-15)

a) 제자들과 예수님의 관계(13-14절): 예수님은 제자들의 주와 선생이 되심

b) 발을 씻기신 이유(14-15절): 제자들도 서로의 발을 씻어 주며 섬기도록 본을 보여 주심

예수님은 먼저 자신과 제자들의 관계를 확인하신다. 그들은 예수님을 선생님 또는 주님이라고 부른다. '선생'은 가르치는 사람이다. 유대인들은 랍비를 선생이라고 불렀다. '주'는 '선생님'이라는 의미이지만, 나중에는 부활하신 예수님이 구주이자 하나님의 아들이라는 고백도 포함한다. 칠십인역은 여호와 하나님을 부르는 호칭으로 '주'라는 단어를 사용했다. 예수님은 제자들에게 스승(선생)이시며, 그들을 하나님 나라로 인도하는 구세주이시다.

선생님이자 메시아이신 예수님이 그들의 발을 씻어 주셨으니 그들도 서로 발을 씻어 주는 것이 옳다. 예수님은 제자들이 서로에게 이렇게 하기

를 바라며 본을 보여 주셨다. '본'은 모형 혹은 패턴을 뜻한다. 그러므로 제자들은 예수님이 그들의 발을 씻겨 섬기신 일을 삶의 원칙으로 삼아 그대로 따라 하면 된다. 바울은 성도들의 발을 씻어 주는 일을 섬김의 상징으로 사용한다(딤전 5:10). 주인이신 예수님이 종인 제자들의 발을 씻어 주셨으니 그들은 얼마나 더 서로의 발을 씻어 주며 섬겨야 하겠는가! 예수님은 제자들이 이러한 원리를 알고 행하면 복이 있을 것이라고 하신다. 알고 행하는 것은 곧 예수님이 그들에게 보이신 본의 의미를 이해하는 사람은 그대로 행해야 한다는 뜻이다. 아는 것은 그대로 행해야 하는 책임을 동반한다. 실천하는 책임을 다하면 그들은 복을 누릴 것이다.

 삶의 내비게이션(적용)

1 예수님은 제자들이 서로의 발을 씻어 주고 섬기기를 바라며 본을 보이셨다. 당신이 낮은 자리로 내려가 다른 사람을 섬겼던 일(모습)은 무엇인가?

관찰문제 5번 참고. 섬김은 기독교의 가장 기본적인 윤리다. 세상에서는 낮은 자가 높은 자를 섬기지만, 기독교에서는 높은 자가 낮은 자를 섬긴다. 선생님이자 메시아이신 예수님이 제자들의 발을 씻어 주신 것은 서로에게 이렇게 하기를 바라며 본을 보여 주신 것이다. 종인 제자들은 주인이신 예수님보다 크지 않다. 또한 보냄받은 제자들은 그들을 보내시는 예수님보다 크지 않다. 주인이자 보내시는 분인 예수님이 제자들의 발을 씻어 주셨으니, 그들은 얼마나 더 서로의 발을 씻어 주며 섬겨야 하겠는가!

이 원리를 아는 것은 그대로 행해야 하는 책임을 동반한다. 실천하는 책임을 다하면 하나님의 선하심과 은혜를 경험하는 축복을 누리게 된다. 하늘에서 하나님 아버지와 함께 계시던 예수님이 모든 것을 버리고 이 땅으로 내려와 인간으로 낮아지셨지만 성육신을 통해 더 높아지신 것처럼, 그리스도인에게 이웃을 섬기는 일은 낮아지는 것이 아니라 더 높아지는 일이다.

우리 삶에서 낮은 자리는 희생하는 자리, 소외된 자리, 섬기는 자리, 자기를 낮추는 자리 등이 될 수 있다. 다른 사람을 위해 손해를 감수하고 희생하는 모습, 소외된 이웃이나 동료들의 친구가 되어 주는 모습, 편하고 좋은 일만 하려는 사람들 사이에서 궂은일을 마다하지 않는 모습, 나의 도움이 필요한 사람들에게 시간과 물질을 나누는 모습, 자원봉사 활동을 통해 주님의 사랑을 실천하는 모습은 주님을 닮은 모습이라 할 수 있다. 각자의 삶에서 낮은 자리는 어디인지 돌아보고, 다른 사람을 섬겼던 경험을 이야기해 본다.

2 예수님은 제자들을 끝까지 사랑하셨기에 그들을 위해 십자가에서 죽으셨다. 당신이 목숨을 걸 만큼 가장 아끼고 사랑하는 것(대상, 인물)은 무엇인가?

관찰문제 1번 참고. 사랑은 책임을 동반한다. 예수님은 자기 사람들을 끝까지 사랑하셨기 때문에 십자가에서 그들을 위해 죽는 것을 마다하지 않으셨다. 예수님의 사랑은 하나밖에 없는 가장 귀한 생명을 주신 고귀한 사랑이며, 그 어떤 것으로도 돌려받을 수 없는 무조건적인 사랑이다. 이에 사랑은 기독교의 가장 핵심적인 가르침이며 기독교인의 가장 큰 덕목으로 제시된다. 성경이 가르치는 사랑은 예수 그리스도께서 십자가에서 보여 주신 신적인 사랑이며, 자기를 돌보지 않고 이웃을 위해 자기 목숨까지도 버릴 수 있는 아가페적인 사랑이다. 모든 사랑의 출발은 하나님의 사랑에서 출발하며, 하나님의 사랑을 본받을 때 비로소 가능하다.

그 사랑의 수혜자가 바로 우리다! 그러므로 모든 그리스도인은 사랑을 받은 자요, 사랑에 빚진 자로서 예수님께 받은 그 사랑을 이웃에게 베풀고 흘려 보내야 한다. 이웃 사랑은 예수 그리스도께서 보여 주신 사랑의 실천을 의미한다. 그리스도인 가운데 영혼 구원을 위해 생존을 보장하기 어려운 지역에 들어가 복음을 전하는 전도자들과 원수를 주님의 사랑으로 용서하고 품은 자들이 그 예가 될 수 있다. 그러나 많은 그리스도인이 주님보다 돈과 명예, 부동산, 안락한 삶, 자녀들의 출세, 자기 유익 등 눈에 보이는 것을 더 아끼고 많은 시간을 투자하며 살아가는 것을 볼 수 있다. 행함 없이 사랑한다는 말만 남발하고 자기의 유익만 추구하는 모습은 오히려 복음 전도를 방해할 뿐이다. 현재 각자의 삶에서 목숨을 걸 만큼 아끼고 소중히 생각하며 사랑하고 있는 것은 무엇인지 이야기해 본다.

3 베드로는 예수님이 자신의 발을 절대 씻기지 못할 것이라고 강하게 부정했다. 당신이 이해할 수 없지만 하나님을 믿고 기다리며 기도하고 있는 것은 무엇인가?

관찰문제 4번 참고. 베드로는 당시의 사회적 관념에 따라 윗사람이 아랫사람의 발을 씻기는 일은 있을 수 없는 일이라고 생각해 예수님이 자신의 발을 씻기시는 것을 거부했다. 이는 겸손이 아니라 자기 의로움에 도취해 예수님의 섬김을 거부하는 불순종이다. 잠시 후면 하나님의 구원 사역이 예수님의 십자가 희생을 통해 완성될 것이고, 이제 제자들의 섬김과 희생으로 복음이 흘러가게 될 것이다. 그런 점에서 베드로는 하나님의 은혜, 곧 복음을 거부하고 있다고 할 수 있다. 예수님은 베드로에게 지금은 이해하지 못하지만 시간이 지나면 알게 될 것이니 자신을 믿고 그대로 따르라고 하신다.

우리는 주님이 하시는 일이 잘 이해되지 않더라도 믿음과 신뢰함으로 묵묵히 지켜보며 기다려야 한다. 베드로처럼 섣불리 반대해서는 안 된다. 하나님이 어떤 일을 하실 때는 그 일을 하시는 이유가 분명히 있기 때문이다. 우리 삶에는 다 이해하지 못하는 일이 종종 일어난다. 남을 속이고 빼앗는 악인들이 득세하고 예수님의 마음으로 거짓 없이 신실하게 사는 의인들은 어려움을 당하는 일이 있고, 하나님의 일을 하다가 억울한 누명을 쓰거나 손해를 보기도 하고, 오랜 시간 계속되는 중병으로 고통을 받기도 하고, 교통사고나 자연재해로 부모를 잃고 아이만 남겨지는 암담한 일도 벌어진다. 이때 우리의 생각과 지식으로 다 이해할 수 없어도 하나님의 때와 섭리 안에서 어려움과 고난을 바라보는 믿음이 필요하다. 믿음에는 이해되지 않더라도 하나님을 기다리게 하는 힘이 있다. 하나님은 믿음을 가지고 기도하며 기다리는 자를 반드시 선한 길로 인도하신다. 각자의 삶에서 이해할 수 없지만 하나님을 믿고 기다린 끝에 응답받았던 일이나 현재 기도하고 있는 것은 무엇인지 이야기해 본다.

기도로 마무리한다.
제5주 관찰문제를 예습해 오게 한다.
실천과제를 제시한다.

 **생활의 아로마(실천)**

예 1) 말보다 행함으로 보여 주는 사랑의 섬김을 찾아보고, 생활 속에서 구체적
으로 실천한다.

2) 이해되지 않는 어려움이 닥쳐 고통 가운데 있는 이웃을 찾아가 위로하고
함께 기도한다.

제5주 길이요, 진리요, 생명이신 예수

학습목표

예수님만이 구원을 얻는 유일한 길이고, 유일한 진리이며, 유일한 생명이라는 진리를 믿고 복음 전도에 힘쓴다.

KEYWORD **길, 진리, 생명**

I. 찬양과 기도

II. 지난주 실천과제 나눔

III. 복습문제 풀이

 **복습**

1 유월절 식사 도중에 예수님이 하신 행동과 그것이 상징하는 바는 무엇인가?(13:4-5, Tip)

a) 행동(5절): 제자들의 발을 씻어 주심

b) 상징(Tip): 십자가 죽음을 통해 제자들을 섬기실 것을 상징함

[14:1] 너희는 마음에 근심하지 말라 하나님을 믿으니 또 나를 믿으라 [2] 내 아버지 집에 거할 곳이 많도다 그렇지 않으면 너희에게 일렀으리라 내가 너희를 위하여 거처를 예비하러 가노니 [3] 가서 너희를 위하여 거처를 예비하면 내가 다시 와서 너희를 내게로 영접하여 나 있는 곳에 너희도 있게 하리라 [4] 내가 어디로 가는지 그 길을 너희가 아느니라 [5] 도마가 이르되 주여 주께서 어디로 가시는지 우리가 알지 못하거늘 그 길을 어찌 알겠사옵나이까 [6] 예수께서 이르시되 내가 곧 길이요 진리요 생명이니 나로 말미암지 않고는 아버지께로 올 자가 없느니라 [7] 너희가 나를 알았더라면 내 아버지도 알았으리로다 이제부터는 너희가 그를 알았고 또 보았느니라 [8] 빌립이 이르되 주여 아버지를 우리에게 보여 주옵소서 그리하면 족하겠나이다 [9] 예수께서 이르시되 빌립아 내가 이렇게 오래 너희와 함께 있으되 네가 나를 알지 못하느냐 나를 본 자는 아버지를 보았거늘 어찌하여 아버지를 보이라 하느냐 [10] 내가 아버지 안에 거하고 아버지는 내 안에 계신 것을 네가 믿지 아니하느냐 내가 너희에게 이르는 말은 스스로 하는 것이 아니라 아버지께서 내 안에 계셔서 그의 일을 하시는 것이라 [11] 내가 아버지 안에 거하고 아버지께서 내 안에 계심을 믿으라 그렇지 못하겠거든 행하는 그 일로 말미암아 나를 믿으라 [12] 내가 진실로 진실로 너희에게 이르노니 나를 믿는 자는 내가 하는 일을 그도 할 것이요 또한 그보다 큰 일도 하리니 이는 내가 아버지께로 감이라 [13] 너희가 내 이름으로 무엇을 구하든지 내가 행하리니 이는 아버지로 하여금 아들로 말미암아 영광을 받으시게 하려 함이라 [14] 내 이름으로 무엇이든지 내게 구하면 내가 행하리라

🔍 말씀 돋보기(관찰)

1 예수님이 십자가 죽음에 대해 말씀하시자 제자들은 어떤 감정을 느꼈는가? 예수님은 제자들에게 뭐라고 권면하셨는가?(14:1)

   a) 제자들이 느낀 감정: 근심함

b) 예수님의 권면: "하나님을 믿으니 또 나를 믿으라"

예수님은 제자들에게 십자가 죽음에 대해 말씀하셨고(13:31-33), 베드로가 배신할 것이라고 예언도 하셨다(13:38). 이러한 얘기에 제자들이 많이 위축되고 불안해했다. '근심하다'는 심리적인 초조함과 혼란을 겪는 것을 뜻한다. 이런 감정을 예수님이 먼저 경험하셨고, 예수님이 겪으신 심적 갈등을 이제 제자들이 겪게 될 것이다. 그러므로 '근심하지 말라'라는 말씀은 각자 감정을 조절하고 추스르라는 권면이다.

제자들은 근심하는 대신 하나님을 믿고 또 예수님을 믿어야 한다. "하나님을 믿으니 또 나를 믿으라"에서 '믿으니…믿으라'는 둘 다 명령형으로, 예수님은 세 개의 명령문을 사용해 권면하신다. 스승이신 예수님이 십자가에서 죽더라도 근심하지 말고, 모든 것이 하나님의 뜻대로 진행되고 있다고 하신 주님의 말씀을 믿어야 한다. 근심과 두려움은 믿음의 반대말이다. 제자들은 하나님은 물론이고 자신들을 위해서라도 근심을 믿음으로 바꿔야 한다.

2 예수님이 하나님 아버지께로 가시는 이유와 제자들에게 주시는 약속은 무엇인가?(14:2-3)

a) 이유: 제자들의 거처를 마련하기 위해

b) 약속: "내가 다시 와서 너희를 내게로 영접하여 나 있는 곳에 너희도 있게 하리라"

예수님의 떠나심은 제자들에게 복이 되는 일이다. 예수님이 그들을 떠나 하나님 아버지께 가시는 것은 그들의 거처를 마련하기 위해서다. 예수님은 아버지의 집에 거할 곳이 많다고 하시는데, '집'은 공간적인 개념이다. 어떤 이들은 종말에 구원받은 이들이 영원히 살게 될 물리적인 공간으로 보기도 하는데, 영적인 차원에서 집은 '가족'을 상징한다. 더욱이 요한복음에서 장소는 대부분 관계를 상징한다. 전통적인 해석은 예수님이 말씀하시는 집을 하나님이 계시는 하늘나라로 보는 것이다.

또한 '거할 곳'은 방이다. 이 단어는 헬라어 '머물다'에서 비롯된 것이며,

문맥상 하나님 나라에 제자들의 방이 있다는 뜻이다. 예수님은 제자들의 거처를 마련하러 하늘나라로 가는 것이니 걱정하지 말고 기다리라고 하신다. '가다'는 정해진 절차를 진행한다는 의미를 지니며, 예수님이 가시는 길은 십자가의 죽음과 부활과 승천을 포함한다. 예수님이 가시는 영광스러운 길의 첫 관문은 죄인들의 불의한 재판을 받고 죽으시는 일이다. 결코 쉽지 않은 고난의 길이다.

예수님은 천국에 제자들의 거처를 마련한 후 그들을 자기가 사는 곳(천국)으로 데려가기 위해 다시 오실 것이라고 하신다. 떠나심이 확실한 것처럼 다시 오심도 확실하다. 그러므로 예수님의 떠나심(죽음, 부활, 승천)이 제자들에게 안타깝고 슬픈 일만은 아니다. 예수님과 잠시 헤어졌다가 다시 만나 영원히 함께 살 소망이 있기 때문이다. 제자들을 데려가기 위해 다시 오실 것이라는 약속은 종말론을 가장 쉽고 확실하게 설명한다. 종말은 세상이 끝날 때 시작되지만, 오늘 이 순간에도 진행되고 있다. 예수님은 세상이 끝나는 순간 우리를 환영하기 위해 세상 끝자락에서 우리를 기다리시는 것이 아니다. 하늘나라에 거처가 준비되면 다시 오셔서 우리를 영접하시고, 우리와 함께하시며, 준비된 곳으로 우리를 인도하신다. 예수님이 세상 끝 날까지 우리와 함께하시는 것은 요한복음의 중요한 가르침 중 하나이며(cf. 15:3-10), 죽음도 이 일을 방해하지 못한다.

3 예수님은 자신을 어떻게 소개하시는가? 우리가 하나님 아버지께 갈 수 있는 길은 무엇인가?(14:6)
a) 소개: "내[예수님]가 곧 길이요 진리요 생명이니"
b) 아버지께로 갈 수 있는 길: 예수님을 통해서만 갈 수 있음

예수님이 가시는 곳은 하늘나라이며, 가시는 길은 십자가와 부활과 승천이다. "내가 곧 길이요 진리요 생명이니 나로 말미암지 않고는 아버지께로 올 자가 없느니라"라는 예수님의 말씀은 요한복음에 등장하는 '나는 …이다' 선언 중 여섯 번째 선언이며, 요한복음의 신학을 요약하는 핵심적인 말씀이다. 길, 진리, 생명은 유대교의 가장 기본적인 세 가지 신념인데, 이 말씀에서 하나가 되었다. 예수님이 하나님 나라로 가는 유일한

길이고, 유일한 진리이며, 유일한 생명이라는 의미다. 예수님은 성육신하신 길이자 진리이자 생명이시기 때문이다.

제일 먼저 등장하는 '길'은 하나님이 계시는 하늘나라로 가는 유일한 방법을 의미한다. 예수님은 우리가 하나님께 나아가고 하나님 안에서 살 수 있는 유일한 길이다. 그 외에 다른 방법은 존재하지 않는다. '진리'는 예수님과의 인격적인 관계를 통해서 알 수 있다. 예수님은 하나님을 본 유일한 분이며(1:18), 성육신하신 예수님은 하나님의 완전한 표현이시다. 예수님이 진리라는 것은 예수님 안에서 삶의 의미와 목적을 찾아야 하며, 예수님이 우리 삶의 기준이 되셔야 한다는 뜻이다. 예수님이 '생명'이신 것은 우리 생명의 출처이며 생명을 보급해 주는 분이라는 의미다. 영생은 예수님을 아는 것이다(17:3). 예수님 안에서 삶과 죽음의 경계와 구분이 무너졌다. 모든 생명이 하나님의 생명인 것처럼 모든 진리는 하나님의 진리다. 하나님의 진리와 생명은 예수님 안에서 성육신되었다.

4 하나님 아버지를 보여 달라는 빌립에게 예수님은 뭐라고 대답하셨는가? 그렇게 말씀하신 이유는 무엇인가?(14:8-10)

a) 대답(9절): "나[예수님]를 본 자는 아버지를 보았거늘"

b) 이유(10절): 예수님이 아버지 안에 거하고 아버지는 예수님 안에 계시기 때문에

예수님은 자기를 알면 아버지를 알고 본 것이라고 하셨는데(7b절), 빌립은 예수님의 말씀을 믿지 못하겠다며 아버지를 보여 달라고 한다. 빌립은 아브라함과 모세와 엘리야가 본 것처럼 스펙터클한 현상을 보고 싶었던 것이다. 빌립은 아무도 하나님 아버지를 볼 수 없다는 사실을 깨닫지 못하고 있다.

예수님은 "내가 아버지 안에 거하고, 아버지는 내 안에 계신다"라는 말씀을 통해 아버지와 아들은 모든 면에서 하나라는 관계를 강조하신다. 이 말씀은 "나를 본 자는 아버지를 보았다"라는 말씀을 정당화하는 역할을 한다. 아버지가 아들 안에 거하시고 아들이 아버지 안에 거하심으로 하나가 되셨으니, 아들이 하시는 모든 말씀은 아들 안에 계신 아버지가

하시는 말씀이기도 하다. 예수님이 말씀하시고 행하신 모든 것은 아버지에 대해 표현하신 것이며, 또한 아버지가 직접 하신 일이다. 예수님은 믿든지 거부하든지 결정하라고 하신다. 그리고 말씀만으로 믿을 수 없다면 "행하는 그 일로 말미암아 나를 믿으라"라고 하신다. '그 일들'은 예수님이 행하신 표적(기적)을 의미한다. 예수님은 하나님으로부터 온 이만 할 수 있는 기적들을 행하셨다.

5 예수님이 믿는 자들에게 주시는 능력은 무엇인가? 기도 응답의 비결은 무엇인가?(14:12-14)

a) 믿는 자에게 주시는 능력(12절): 예수님이 하시는 일과 그보다 더 큰 일도 할 수 있는 능력

b) 기도 응답의 비결(13-14절): 예수님의 이름으로 구하는 것

예수님은 중요한 가르침을 주실 때 '진실로 진실로'로 시작하신다. 예수님을 믿는 사람은 예수님이 하시는 일을 할 수 있다. 더 나아가 예수님보다 더 큰 일도 할 수 있다. 제자들에게 이런 능력을 주시는 것은 예수님이 아버지께 가시기 때문이다. 예수님이 떠나시더라도 하나님의 일이 계속되도록 권한을 이양하겠다는 뜻이다. 중요한 것은 예수님 안에 거할 때 이런 일을 할 수 있다는 사실이다. 예수님은 떠나시지만 성령을 통해 제자들과 함께하실 것이기에 그들은 성령을 통해 예수님 안에 거할 수 있다.

예수님은 제자들이 더 큰 일도 할 수 있게 하실 뿐 아니라 그들의 기도도 들어주실 것이다. 제자들이 그들 안에 거하시는 예수님의 이름으로 하나님께 구하면 주님이 이루실 것이다. 아버지가 아들을 통해 영광을 받으시길 원하기 때문이다. '이름'은 그 이름을 지닌 사람의 인격과 존재를 상징한다. 그러므로 예수님의 이름으로 구한다는 것은 기도하는 자가 자기 욕심대로 구하는 것이 아니다. 예수님의 인격과 생각에 따라 하나님의 능력과 뜻에 부합하게 구한다는 뜻이다. 우리가 기도한 대로 이루는 능력은 기도하는 우리에게 있는 것이 아니라 예수님께 있다.

🧭 삶의 내비게이션(적용)

1 예수님은 하나님 나라로 가는 유일한 길이고, 유일한 진리이며, 유일한 생명이시다. 즉 예수님만이 유일한 구세주시다. 당신이 예수님을 만나기 전 구원의 길이라고 생각했던 것은 무엇인가?

관찰문제 3번 참고. 예수님은 인간이 하나님께 나아가 주님과 영원히 살 수 있는 유일한 길이요 진리요 생명이시다. 『그리스도를 본받아』의 저자 토머스 아 켐피스는 이 본문에 대해 "길이 없으면 갈 수 없고, 진리가 없으면 알 수 없고, 생명이 없으면 살 수 없다"라는 말을 남겼다. 우리는 길이요 진리요 생명이신 예수님이 없이는 아무것도 할 수 없으며, 설령 무엇을 한다고 해도 아무 의미 없는 헛된 일에 지나지 않는다는 뜻이다.

이는 종교 다원주의자들과 불신자들이 가장 받아들이기 어려운 말씀이다. 온 세상에서 예수님만이 유일한 구세주라는 큰 믿음을 요구하기 때문이다. 그러나 세상이 인정한다고 진리가 되고 부인한다고 거짓이 되는 것이 아니다. 기독교는 지난 2,000년 동안 이 진리를 고수해 왔으며, 이러한 확신과 고백은 앞으로 주님 오실 때까지 계속될 것이다.

이 세상에는 다른 종교에도 구원이 있다고 생각하는 사람들이 있다. 그들은 착하게 살고 덕을 많이 쌓으면 된다고 믿는다. 또는 천국이나 지옥 같은 내세는 없다고 믿으면서 이생에서 잘 먹고 잘 살기를 바라는 사람들도 있다. 그들은 천국을 소망하지 않기 때문에 이 땅에서의 성공과 재물, 학벌, 안정된 직장과 가정, 자녀의 출세 등을 인생의 목적으로 삼고 살아간다. 자기 스스로 구원할 수 있을 것이라는 착각에 매여 평생 고된 삶을 살아간다. 각자 예수님을 만나기 전에 구원의 길이라고 생각했던 것은 무엇인지 이야기해 본다.

2 예수님은 예수님의 이름으로 하나님께 구하면 이루어 주겠다고 약속하신다. 당신이 하나님께 예수님의 간구한 대로 응답받은 일이 있다면 무엇인가?

관찰문제 5번 참고. 예수님은 기도할 때 예수님의 이름으로 기도하라고 가르치셨다. 예수님의 이름으로 구한다는 것은 자기 욕심대로 구하는 것이 아니라 예수님의 생각을 따라 하나님의 능력과 뜻에 부합하게 구한다는 뜻이다. 우리의 기도를 이루시는 분은 예수님이기 때문이다.

예수님은 누구든지 자기 이름으로 기도하면 반드시 들어주겠다고 약속하신다. 태초부터 하나님과 함께 계신 분이 이렇게 말씀하시니 우리는 더욱더 확신을 가지고 주님이 다시 오실 때까지 예수님의 이름으로 하나님의 뜻을 이루어 나가는 기도를 드려야 한다. 우리의 뜻이 하나님의 뜻에 합할 때 우리의 바람대로 응답받을 수 있다. 그러나 자기 욕심과 정욕에 이끌린 기도나 하나님의 뜻에 부합하지 않는 기도는 거절될 수 있음을 기억해야 한다. 한편, 처음에는 당면한 문제와 자신의 필요를 따라 기도했는데 시간이 지나면서 기도의 내용이 바뀌거나 상황은 변한 것이 없는데 불안과 염려가 사라지고 평안이 회복되는 경우도 있다. 가족이나 교우들의 병이 낫기를 기도했을 때 치유되고, 전도를 위해 오랜 시간 기도한 끝에 마침내 예수님을 믿게 되고, 청년 시절에 드린 서원 기도를 잊고 있었는데 세월이 지나고 보니 기도했던 대로 응답되었고, 해결할 수 없는 문제를 위해 기도했을 때 도움이 될 만한 사람을 만나는 것은 하나님이 우리의 기도에 응답하신 예가 된다. 각자 하나님께 기도하고 응답받은 경험을 이야기해 본다.

3 예수님은 곧 제자들의 거처를 마련하기 위해 하나님 아버지께로 가신다. 그러므로 제자들은 근심하지 말고 믿음으로 살아야 한다. 당신이 믿음으로 기도하면서도 근심하고 있는 일이 있다면 무엇인가?

관찰문제 1번 참고. 예수님이 자신이 감당할 십자가 죽음에 관해 말씀하시는 것은 제자들을 불안하게 하려는 것이 아니다. 예수님은 죽음과 부활 뒤에 하늘로 올라가 하실 일이 있다. 제자들과 함께 살 거처를 마련하기 위해 하늘로 가셔야만 한다. 그리고 하늘나라에 거처가 준비되면 다시 오셔서 제자들을 영접하시고, 준비된 곳으로 인도하실 것이다. 예수님의 인도하심은 우리가 천국에 도달할 때까지, 또한 그 이후로도 계속될 것이다. 제자들을 떠나신 주님은 반드시 다시 오신다.

예수님은 천국에 우리의 거처를 마련해 두셨다. 그곳은 하나님과 예수님이 계신 곳이며 우리가 영원토록 살아갈 영원한 집이다. 우리는 이 믿음을 가지고 근심하지 말아야 한다. 우리가 근심할 한 가지가 있다면 주님이 우리를 떠나시는 것이다. 그러나 많은 그리스도인이 세상에서 겪는 문제 때문에 근심하는 일이 많다. 본문 속 제자들처럼 믿고 의지하는 스승이나 사랑하는 사람이 떠났을 때, 자신을 지켜 줄 것 같던 재산이나 명예를 잃었을 때, 중요한 일을 앞두고 동료와의 관계가 틀어졌을 때, 병세가 갈수록 악화될 때 주님께 기도하면서도 근심하고 염려하는 모습을 보게 된다. 기억해야 할 것은 믿음과 근심은 함께할 수 없다는 점이다. 기도하면서도 근심하는 일이 있다면 주님께 믿음을 주시도록 먼저 기도해야 한다. 각자 당면한 어려운 문제를 가지고 기도하면서도 근심하게 될 때는 언제인지, 주님께 믿고 맡겨야 할 문제는 무엇인지 이야기해 본다.

VII. 마무리

기도로 마무리한다.
제6주 관찰문제를 예습해 오게 한다.
실천과제를 제시한다.

 **생활의 아로마**(실천)

예 1) 주님과 멀어져 있는 나 자신을 길이요 진리요 생명이신 예수님께로 돌이킨다.

　2) 기도하면서 근심하고 염려하는 문제는 무엇인지 점검하고, 믿음의 기도를 실천한다.

제6주 특권과 고난

요한복음 15:18–16:4

학습목표

예수님이 이 땅에서 고난을 받으셨듯이 그리스도인의 삶에 고난과 핍박이 있음을 알고, 그리스도의 고난에 동참하며 예수 그리스도를 증언하는 삶을 살아간다.

KEYWORD **증언, 친구, 핍박**

I. 찬양과 기도

II. 지난주 실천과제 나눔

III. 복습문제 풀이

📝 복습

1 예수님은 자신을 어떻게 소개하시는가? 우리가 하나님 아버지께 갈 수 있는 길은 무엇인가?(14:6)

　　a) 소개: "내[예수님]가 곧 길이요 진리요 생명이니"

　　b) 아버지께로 갈 수 있는 길: 예수님을 통해서만 갈 수 있음

15:18 세상이 너희를 미워하면 너희보다 먼저 나를 미워한 줄을 알라 19 너희가 세상에 속하였으면 세상이 자기의 것을 사랑할 것이나 너희는 세상에 속한 자가 아니요 도리어 내가 너희를 세상에서 택하였기 때문에 세상이 너희를 미워하느니라 20 내가 너희에게 종이 주인보다 더 크지 못하다 한 말을 기억하라 사람들이 나를 박해하였은즉 너희도 박해할 것이요 내 말을 지켰은즉 너희 말도 지킬 것이라 21 그러나 사람들이 내 이름으로 말미암아 이 모든 일을 너희에게 하리니 이는 나를 보내신 이를 알지 못함이라 22 내가 와서 그들에게 말하지 아니하였더라면 죄가 없었으려니와 지금은 그 죄를 핑계할 수 없느니라 23 나를 미워하는 자는 또 내 아버지를 미워하느니라 24 내가 아무도 못한 일을 그들 중에서 하지 아니하였더라면 그들에게 죄가 없었으려니와 지금은 그들이 나와 내 아버지를 보았고 또 미워하였도다 25 그러나 이는 그들의 율법에 기록된 바

그들이 이유 없이 나를 미워하였다

한 말을 응하게 하려 함이라 26 내가 아버지께로부터 너희에게 보낼 보혜사 곧 아버지께로부터 나오시는 진리의 성령이 오실 때에 그가 나를 증언하실 것이요 27 너희도 처음부터 나와 함께 있었으므로 증언하느니라 16:1 내가 이것을 너희에게 이름은 너희로 실족하지 않게 하려 함이니 2 사람들이 너희를 출교할 뿐 아니라 때가 이르면 무릇 너희를 죽이는 자가 생각하기를 이것이 하나님을 섬기는 일이라 하리라 3 그들이 이런 일을 할 것은 아버지와 나를 알지 못함이라 4 오직 너희에게 이 말을 한 것은 너희로 그 때를 당하면 내가 너희에게 말한 이것을 기억나게 하려 함이요 처음부터 이 말을 하지 아니한 것은 내가 너희와 함께 있었음이라

말씀 돋보기(관찰)

1 세상이 미워하는 대상은 누구이며, 그 이유는 무엇인가?(15:18-19)
   a) 대상(18절): 예수님과 제자들

b) 이유(19절): 세상에 속하지 않았기 때문에

 예수님은 제자들에게 세상으로부터 미움을 받게 되거든 세상이 그들보다 주님을 먼저 미워한 줄 알라고 하신다. 세상은 예수님과 제자들을 싫어하는 감정을 노골적으로 표현한다. 죄로 얼룩진 세상은 진리를 싫어한다. 또한 마귀의 영향을 받는 세상은 선보다 악을 선호한다. 그러므로 자신의 가치관과 세계관이 위협받고 있다고 생각하는 세상이 진리를 선포하고 선한 삶 살 것을 강요하는 예수님을 좋아할 리 없다. 예수님을 미워하는 세상은 예수님을 사랑하고 그분 말씀에 순종하는 그리스도인도 미워한다. 그러므로 우리가 세상으로부터 미움받는 것은 주님의 십자가를 지고 가는 일이라 할 수 있다.

예수님은 세상이 제자들을 미워하는 이유를 설명하시는데, 그들이 더는 세상에 속하지 않기 때문이다. 만일 그들이 계속 세상에 속해 있다면 세상은 그들을 세상의 일부로 생각해 사랑했을 것이다. 그러나 예수님은 그들을 세상에서 택하셨다. 그들을 세상으로부터 특별히 구별해 제자로 삼으셨다는 뜻이다. 그들의 신분이 세상과 다르다는 점을 강조하신다. 예수님을 미워하는 세상이 그리스도인을 미워하는 것은 예수님 때문이다. 우리와 세상의 관계는 예수님과 세상의 관계에 따라 결정된다. 따라서 세상이 우리를 미워하는 것을 그리스도의 고난에 동참하는 것으로 생각해야 한다. 하나님이 우리를 인정하셨기 때문에 그리스도의 고난에 동참하게 하신다. 그러므로 세상으로부터 미움받는 것은 영광스러운 일이다.

2 예수님은 14절과 20절에서 자신과 제자들의 관계를 각각 어떻게 표현하시는가?(15:20, Tip)

a) 14절(Tip): 친구 관계

b) 20절: 주인과 종의 관계

 앞서 14절에서 예수님은 제자들을 '친구'라 하셨다. 우리가 예수님의 친구가 된 것은 우리 스스로 이룬 업적이 아니다. 예수님이 우리를 택하시고 친구로 삼으셨기 때문이다. 예수님은 이미 친구 관계를 맺은 사람들

을 위해 생명을 내놓을 준비가 되셨다. 십자가에서 이루신 구원은 말씀에 순종하는 예수님의 친구들을 위한 것이다.

예수님이 이번에는 제자들을 '종'이라고 하신다. 예수님은 13:16에서도 자신과 제자들의 관계를 주인과 종으로 말씀하셨다. 서로 섬기는 일을 격려하기 위해 예수님의 고난에 동참할 것을 권면하며 주-종 관계로 말씀하신 것이다. 어떠한 종도 주인보다 더 크지 않다. 그러므로 주인이신 예수님을 박해한 세상이 그분의 종인 제자들까지 박해하는 것은 이상한 일이 아니라 지극히 정상적이고 당연한 일이다. 반대로 만일 세상이 예수님의 말씀을 지켰다면 제자들의 말도 지켰을 것이다. 그러나 세상이 예수님의 말씀을 지키지 않고 오히려 박해했으니 제자들의 말을 듣지 않고 그들을 박해하는 것이 당연하다. 성경 말씀을 종합해 볼 때 그리스도인의 삶에 고난이 전혀 없다면 오히려 이상하다. 세상은 그리스도인을 마치 없는 것처럼 무시해도 될 것 같은데, 왜 핍박하는 것일까? 기독교 진리가 잘못되고 비뚤어진 세계관과 가치관을 가진 세상을 불편하게 만들기 때문이다.

3 세상이 하나님을 알지 못한다는 것은 무슨 뜻인가? 또한 세상 사람들이 자신의 죄에 대해 핑계할 수 없는 이유는 무엇인가?(15:21-22, Tip)

a) 뜻(Tip): 예수님의 말씀을 듣고도 믿기를 거부했다는 뜻

b) 이유(22절): 예수님이 오셔서 사람들의 죄를 말씀하셨기(들추어내셨기) 때문에

세상은 예수님을 사랑하는 제자들을 미워할 뿐 아니라, 주님을 이 땅에 보내신 하나님도 모른다. 그들이 모른다는 것은 아예 듣지 못했다는 뜻이 아니라 듣고도 믿기를 거부했다는 뜻이다. 예수님을 거부하는 것은 곧 하나님을 거부하는 것이다.

만일 예수님이 세상에 오셔서 말씀하지 않으셨다면 그들은 죄가 없었을 것이다. 이 말씀은 예수님이 오시기 전에도 세상에 분명히 죄가 있었지만, 죄라는 것을 알지 못했거나 죄로 여기지 않았다는 뜻이다. 원래 예수

님은 죄인들을 구원하러 오셨지만 예수님을 거부하는 자들에게는 그들의 죄만 확실하게 드러내셨다. 예수님이 오셔서 사람들의 죄를 들추어내셨기 때문에 그들은 더는 자신의 죄에 대해 핑계를 댈 수 없다. 이제 죄는 모세가 시내산에서 전해 준 율법이 아니라 예수님의 말씀과 가르침이 정의하고 드러낸다. 그러므로 죄에 대한 심판이 이미 시작되었다고 할 수 있다.

예수님은 하나님이 보내신 분이며 하나님과 하나이시다. 그러므로 예수님을 미워하는 자는 하나님도 미워한다. 하나님을 사랑하면 예수님을 미워할 수 없다. 또한 하나님을 미워하면서 예수님을 사랑할 수도 없다. 세상 사람들이 예수님이 행하신 선한 일들을 보고도 하나님을 믿지 않고 오히려 미워하는 것은 논리적으로 납득이 되지 않는다. 그러나 이것이 모든 인간이 지닌 어리석음이다. 따라서 성령이 우리의 눈으로 보게 하고, 귀로 듣게 하고, 마음을 열어 주셔야 비로소 하나님이 주시는 구원을 받을 수 있다.

4 예수님이 보내실 분은 누구이며, 그분과 제자들이 동일하게 할 일은 무엇인가?(15:26-27)

a) 예수님이 보내실 분(26절): 보혜사, 곧 진리의 성령

b) 그분과 제자들이 할 일(26-27절): 예수님에 대해 증언함

예수님은 하나님 아버지로부터 보혜사를 보내실 것이다. 예수님이 보내시는 보혜사는 자신과 동일한 '또 다른 보혜사'다. 보혜사는 아버지께로부터 나오는 진리의 성령이시다. 예수님이 하나님으로부터 오신 것처럼 성령도 하나님으로부터 오신다는 것은 곧 아버지와 아들과 성령은 본질이 같은 삼위일체 하나님이라는 의미다.

장차 오실 보혜사는 진리의 성령이며, 예수님에 대해 증언하실 것이다. 성령은 예수님이 하나님의 아들 메시아이시며, 하나님이시며, 그분이 가르친 모든 것이 하나님으로부터 온 진리임을 확인해 주실 것이다. 보혜사는 세상이 얼마나 예수님을 잘못 대하고 있는지도 증언하실 것이다. 예수님 믿기를 거부하거나 주저하는 사람들이 믿도록 적극적으로 증언

하실 것이다.

보혜사가 예수님에 대해 적극적으로 증언하시는 것처럼 제자들도 예수님에 대해 증언해야 한다. 제자들은 지난 3년 동안 예수님과 함께했다. 그들은 예수님의 가르침을 모두 들었고, 행하신 기적을 모두 보았으며, 심지어 예수님이 유대인과 갈등을 빚으신 일도 모두 지켜보았다. 그러므로 그들은 예수님의 삶과 가르침을 온 세상에 증언하고 선포하기에 가장 적합한 사람들이다. 그들이 예수님에 대해 증언하다가 혹시 난관에 부딪히게 되면 성령이 도우실 것이다.

5 때가 이르러 제자들이 받게 될 핍박의 수위는 어느 정도인가? 핍박하는 자들은 이를 어떻게 합리화하는가?(16:2)

a) 핍박의 수위: 출교하고 죽임

b) 핍박자들의 합리화: 그리스도인을 죽이는 것이 하나님을 섬기는 일이라고 합리화함

세상이 제자들에게 가할 핍박의 수위는 어느 정도일까? 예수님은 세상이 제자들을 출교하고 죽일 것이라고 하신다. 출교는 회당에서 내쫓는 것으로 출교당하면 단순히 예배에서만 배제되는 것이 아니라, 가족과 친지들과 사는 마을에서도 배척을 당했다. 초대교회 성도들은 이러한 고통과 손해를 감수하면서 예수님을 사랑했다. 예수님을 사랑하기 때문에 받는 고난과 핍박은 영광스러운 일이다. 모든 것에는 때가 있다. 예수님으로 인해 행복할 때가 있으면 고난받아야 할 때도 있다.

그리스도인을 더 힘들게 하는 것은 핍박하는 자들이 박해를 하나님을 섬기는 일로 정당화하고 합리화하는 것이다. 그들은 그리스도인을 잡아 죽이는 것이 하나님께 드리는 예배라고 생각할 것이다. 실제로 스데반이 순교할 때 사람들은 하나님을 위해 그를 죽이는 것이라고 생각했다. 그 자리에 있었던 바울도 스데반을 죽이는 일에 어떠한 양심의 가책도 느끼지 않았으며, 이후 그리스도인을 잡아 죽이는 일에 앞장서기까지 했다. 이러한 일들은 사람이 아무리 순수하고 선한 종교적 동기에서 하는 일이라 할지라도 잘못되고 죄가 될 수 있다는 것을 보여 준다.

예수님은 하나님을 섬기는 일로 십자가에서 죄인들을 위해 죽으셨다. 세상은 하나님을 섬기는 일이라며 그리스도인을 잡아 죽인다. 그러나 사실은 하나님 아버지와 아들 예수님을 알지 못해서 이런 만행을 저지른다. 그들은 하나님을 위해 예수님과 제자들을 핍박한다고 하지만, 사실은 하나님을 핍박하는 일이다. 사람이 하나님을 모르면 많은 죄는 물론이고, 자기도 모르는 사이에 하나님의 이름으로 죄를 짓는다.

 삶의 내비게이션(적용)

1 예수님은 제자들과의 관계를 친구로 또는 주인과 종의 관계로 말씀하신다. 당신과 주님의 관계에서 더 마음이 끌리는 것은 무엇인가?
관찰문제 2번 참고. 예수님은 먼저 자신과 제자들의 관계를 확인하신다. 제자들은 예수님을 선생님이라 하거나 주님이라고 한다. '주'는 선생님이라는 의미이지만, 나중에는 부활하신 예수님이 구주이자 하나님의 아들이라는 고백도 포함한다. 예수님은 제자들에게 스승(선생)이시며, 그들을 하나님 나라로 인도하는 구세주이시다. 주인이자 스승이신 예수님은 종이며 제자인 열두 제자의 발을 씻기셨다. 예수님은 자기 사람들을 끝까지 사랑하셨기에 십자가에서 그들을 위해 죽으셨다. 우리도 우리가 경험한 하나님의 놀라운 사랑과 섬김으로 이웃을 사랑하고 섬겨야 한다.
또한 예수님은 우리를 택하시고 친구로 삼으셨다. 그리고 예수님의 명령대로 행하는 사람이 친구라고 하신다. 구약에서는 아브라함과 모세가 하나님의 친구로 불린다. 친구 사이는 하나님과 인간 사이에 형성될 수 있는 관계 중 가장 깊은 관계다. 하나님과 우리의 친구 관계는 하나님이 시작하고 유지하시니 영원히 변하지 않는다. 예수님은 이미 친구 관계를 맺은 우리를 위해 생명을 내놓으셨고, 십자가 위에서 이루신 구원은 말씀에 순종하는 주님의 친구들을 위한 것이다. 우리는 우리를 위해 가장 귀한 생명을 주신 예수님을 구세주로 고백하고 종의 마음으로 주님을 섬겨야 함과 동시에 늘 친구처럼 친밀한 교제 가운데 있어야 한다. 각자 주님과 어떤 관계를 유지하고 있는지, 더 마음이 끌리는 관계는 어떤 것인지 이야기해 본다.

2 보혜사 성령이 예수님에 대해 적극적으로 증언하시는 것처럼, 제자들도 예수님에 대해 증언해야 한다. 당신이 예수님의 좋은 증인이 되기 위해 힘써야 할 부분은 무엇인가?

관찰문제 4번 참고. 제자들은 예수님 때문에 고난받을 뿐 아니라 예수님에 대해 증언하는 중요하고 특별한 위치에 있다. 우리도 하나님에 대해 알면 알수록 모르는 사람들에게 알리려는 사명감을 가져야 한다. 예수님에 대해 아는 것은 다른 사람들과 나눌 때 진가를 발휘하기 때문이다.

우리는 예수님의 증인이 되도록 세우심을 받았다. 증인은 예수 그리스도의 십자가 죽음과 부활을 전하는 사람(전도자)을 말한다. 제자들은 자신들을 증인으로 인식했고, 사도 요한은 예수 그리스도를 하나님 아버지의 뜻을 이 땅에 실현한 자로서 충성된 증인이라 일컫기도 했다. 예수님의 제자가 된 우리도 삶의 자리에서 예수님이 하나님께 나아갈 유일한 길이요 진리요 생명이심을 증언해야 한다. 좋은 증인이 되기 위해서는 꾸준히 진리를 배우고 습득해야 한다. 아는 것만큼 나눌 수 있기 때문이다. 그러므로 나누기(증언하기) 위해서라도 열심히 배워야 한다. 또한 증언은 말과 함께 구체적인 행동으로 실천되어야 한다. 예배와 기도와 봉사 같은 교회 생활뿐 아니라 가정과 직장에서 자기 역할을 성실하게 하고, 도움이 필요한 사람들을 도와주고, 공의와 정의를 위해 목소리를 내는 등 전반적인 삶 속에서 모범이 되어야 한다. 무엇보다 예수님의 좋은 증인이 되기 위해 먼저 기도로 준비되어야 한다. 각자의 삶과 사역에서 예수님의 좋은 증인이 되기 위해 힘써야 할 부분은 무엇인지 이야기해 본다.

3 예수님은 제자들이 세상에 속하지 않았기 때문에 세상이 그들을 미워한다고 말씀하신다. 당신이 하나님의 기준을 따라 살기 위해 노력해야 할 부분은 무엇인가?

관찰문제 1번 참고. 예수님을 사랑하는 사람들은 이 땅에서 핍박을 감수해야 한다. 하나님을 모르고 더 나아가 알기를 거부하는 세상은 하나님을 미워한다. 우리는 세상이 미워하는 하나님을 사랑한다. 그러므로 세상은 우리도 미워할 것이다. 기독교에 적대적인 세상에서 핍박과 고난은 그리스도인의 삶의 일부다. 핍박과 고난이 없는 것이 오히려 신앙생활에 적신호가 될 수 있다. 그러므로 세상으로부터 미움받는 것은 영광스러운 일이다.

세상이 지향하는 것과 예수님이 선포하신 것은 자주 충돌한다. 심지어 여호와를 사랑한다는 종교인조차 하나님의 기준을 따르지 못하거나 무시할 때가 있다. 한 예로 예수님이 태어날 때부터 맹인이었던 사람을 치료하셨을 때, 유대인들은 예수님이 안식일에 일을 했다며 죽이려고 했다. 예수님과 제자들이 사랑을 통해 다른 사람들로부터 구분되는 것처럼, 세상은 미움으로 구별된다. 제자들은 세상에서 태어나 '세상으로부터 나온' 사람들이다. 또한 예수님은 '세상으로부터 나온' 그리스도인들을 '세상 안'에 두셨다. 그리스도인은 세속적인 마음과 세상의 가치관을 버리고 하나님의 관점을 새롭게 도입해 세상을 살아가는 사람이다. 물질주의, 기복주의, 성공주의, 개인주의, 이기주의, 세속주의 같은 세상의 기준이 아닌 하나님 중심, 그리스도 중심, 말씀 중심, 예배 중심, 신앙 중심으로 살아야 한다. 각자 하나님의 기준을 따라 살기 위해 노력해야 할 부분은 무엇인지 점검하고 이야기해 본다.

기도로 마무리한다.
제7주 관찰문제를 예습해 오게 한다.
실천과제를 제시한다.

 생활의 아로마(실천)

예 1) 주변에 있는 믿지 않는 사람들을 가정 또는 식사에 초대해 예수님에 관해 대화한다.
　　2) 주님과 어떤 관계 속에 있는지 돌아보고, 친밀한 관계를 위해 할 수 있는 것을 한 가지씩 계획하고 실천한다.

제7주 성령님의 말씀 교습

믿는 자들을 진리로 인도하시는 성령님을 의지해 진리를 알고 진리 안에서 살아가기를 힘쓴다.

KEYWORD 성령, 말씀, 배움

I. 찬양과 기도

II. 지난주 실천과제 나눔

III. 복습문제 풀이

 **복습**

1 예수님이 보내실 분은 누구이며, 그분과 제자들이 동일하게 할 일은 무엇인가?(15:26-27)

　　a) 예수님이 보내실 분(26절): 보혜사, 곧 진리의 성령

　　b) 그분과 제자들이 할 일(26-27절): 예수님에 대해 증언함

[16:5] 지금 내가 나를 보내신 이에게로 가는데 너희 중에서 나더러 어디로 가는지 묻는 자가 없고 [6] 도리어 내가 이 말을 하므로 너희 마음에 근심이 가득하였도다 [7] 그러나 내가 너희에게 실상을 말하노니 내가 떠나가는 것이 너희에게 유익이라 내가 떠나가지 아니하면 보혜사가 너희에게로 오시지 아니할 것이요 가면 내가 그를 너희에게로 보내리니 [8] 그가 와서 죄에 대하여, 의에 대하여, 심판에 대하여 세상을 책망하시리라 [9] 죄에 대하여라 함은 그들이 나를 믿지 아니함이요 [10] 의에 대하여라 함은 내가 아버지께로 가니 너희가 다시 나를 보지 못함이요 [11] 심판에 대하여라 함은 이 세상 임금이 심판을 받았음이라 [12] 내가 아직도 너희에게 이를 것이 많으나 지금은 너희가 감당하지 못하리라 [13] 그러나 진리의 성령이 오시면 그가 너희를 모든 진리 가운데로 인도하시리니 그가 스스로 말하지 않고 오직 들은 것을 말하며 장래 일을 너희에게 알리시리라 [14] 그가 내 영광을 나타내리니 내 것을 가지고 너희에게 알리시겠음이라 [15] 무릇 아버지께 있는 것은 다 내 것이라 그러므로 내가 말하기를 그가 내 것을 가지고 너희에게 알리시리라 하였노라

🔍 말씀 돋보기(관찰)

1 예수님이 맞이하신 '지금'은 어느 때인가? 제자들은 어떤 태도를 보였는가?(16:5)

a) 때: 예수님을 보내신 이(하나님)에게 가실 때

b) 제자들의 태도: 예수님이 어디로 가시는지 묻는 자가 없음

예수님은 앞서 제자들과 잠시 함께할 것이라고 하셨는데(13:3), 이제는 하나님 아버지께 가실 때가 '지금'이라며 그들과 함께하는 시간이 끝났다고 하신다. '나를 보내신 이'는 하나님을 뜻하는 호칭이다.

제자 중에 예수님이 어디로 가는지 묻는 자가 없다. 그런데 앞서 베드로

가 예수님께 어디로 가시느냐고 물었고(13:36), 도마도 비슷한 질문을 한 적이 있다(14:5). 당시 베드로는 떠나신다는 예수님의 말에 충격을 받아 남아 있는 자기는 어떻게 될 것인지에 몰입해 질문했다. 그는 자신에 대해 걱정할 뿐 정작 예수님이 어디로 가시는지는 관심이 없었다. 도마도 예수님이 어떤 경로를 통해 떠나시는지를 질문했지, 예수님의 목적지가 어디인지는 관심이 없었다.

이런 상황에서 예수님은 제자들이 정작 해야 할 질문을 하지 않는다고 하신다. 그들은 아직도 모든 것을 자기중심적으로 생각한다. 만일 그들이 하나님의 일에 몰입했다면 예수님이 떠나신다고 했을 때 하나님께 가시느냐고 물으며 기뻐했을 것이다. 하나님과 예수님이 하늘에서 함께 계시게 될 것이기 때문이다.

2 예수님이 떠나시는 것이 제자들에게 유익이 되는 이유는 무엇인가? (16:7)

보혜사 성령이 오셔서 제자들과 함께하실 것이기 때문에

이 말씀은 예수님이 떠나지 않으면 제자들과 한 곳에만 계시지만, 떠나면 보혜사 성령을 보내 세상 모든 그리스도인과 함께하신다는 것이 핵심이다. 그러므로 예수님은 자신이 떠나는 것이 제자들에게 유익이라고 하신다. 예수님이 떠나가시는 것은 십자가와 부활과 승천을 통해 하나님께 돌아가는 것을 뜻한다. 십자가는 참으로 고통스럽고 두렵지만 반드시 지나야 하는 과정이다.

예수님이 떠나시는 것은 제자들에게 다방면으로 유익하지만, 그중 가장 큰 유익은 보혜사가 오시는 일이다. 예수님은 우리의 보혜사이시다. 그러므로 예수님이 떠나신 후 오실 보혜사는 '또 다른 보혜사'이며 하나님으로부터 나오는 진리의 성령이다. 보혜사는 예수님의 이름으로 오시며 예수님에 대해 증언하신다. 이제부터 예수님은 보혜사를 통해 제자들과 함께하신다.

3 보혜사 성령이 오셔서 하시는 일과 그 의미는 무엇인가?(16:8-11,

Tip)

a) 성령의 사역(8절): 죄에 대하여, 의에 대하여, 심판에 대하여 세상을 책망하심

b) 죄에 대한 책망(9절, Tip): 예수님을 믿지 않은 죄를 책망하심

c) 의에 대한 책망(10절, Tip): 세상의 의(예수님을 부인하고 십자가에서 처형한 것)가 잘못되었음을 드러내심

d) 심판에 대한 책망(11절, Tip): 예수님에게 행한 악하고 불의한 심판을 드러내심

보혜사가 오시면 세상의 양심에 말씀하셔서 세상의 죄와 의와 심판에 대해 책망하신다. 성령의 지적을 받아들이고 받아들이지 않고는 세상의 몫이다. 물론 세상은 보혜사의 책망을 귀담아듣지 않을 것이다. 세상은 화인 맞은 양심을 지녔기 때문에 진리를 들을 능력이 없다.

죄에 대한 책망은 보혜사가 오셔서 예수님을 믿지 않은 죄에 대해 세상을 책망하시는 것이다. 세상이 죄 문제를 해결하려면 예수님이 필요하다. 예수님은 세상 죄를 지고 가기 위해 오신 창조주이자 구세주이기 때문이다.

보혜사는 의에 대해서도 세상을 책망하실 것이다. 본문에 나오는 의는 하나님의 의 또는 주님이 인정하시는 의가 아니라, 죄 많은 세상이 스스로 의롭게 여기며 행한 일이다. 세상은 예수님을 부인하고 십자가에 매다는 것이 '의'라고 생각했다. 성령은 세상의 의(예수님을 부인하고 십자가에서 처형한 것)가 잘못되었음을 드러내실 것이다.

또한 보혜사는 심판에 대해서도 세상을 책망하실 것이다. 세상이 예수님에게 행한 악하고 불의한 심판을 드러내실 것이다. 세상의 가장 큰 죄는 단연 예수님에 대한 불의한 심판(판결)이다.

4 진리의 성령이 하시는 역할과 가르침의 출처는 무엇인가?(16:13)

a) 역할: 제자들을 모든 진리 가운데로 인도하심

b) 가르침의 출처: 예수님께 들은 것을 가르치심

보혜사는 '진리의 성령'이시다. 진리의 영은 이 세상에서 무엇이 진리이고 무엇이 진짜인지 알려 주어 제자들을 모든 진리 가운데로 인도하실

것이다. '모든 진리 가운데로'는 진리의 영역 안에 머물며 벗어나지 않는 것을 뜻한다. '인도하다'는 정보나 지식을 갖도록 돕는 일이다. 성령은 제자들로 하여금 진리를 알게 함으로써 그들이 배운 진리의 범위 안에서 살도록 도우실 것이다.

성령은 자신의 새로운 진리와 계시로 제자들을 인도하는 것이 아니라, 예수님께 들은 것들을 가르치고 말씀하신다. 성령이 제자들에게 주시는 진리와 계시는 하나님 아버지께서 아들인 예수님을 통해 이미 그들에게 주신 것이다. 예수님이 하나님께 들은 것을 가르치신 것처럼, 성령은 예수님께 들은 것을 가르치신다.

5 성령은 제자들에게 무엇을 알려 주시고, 누구의 영광을 나타내시는가?(16:13-14)

a) 성령이 알려 주시는 일(13절): 장래 일
b) 성령이 나타내시는 영광(14절): 예수님의 영광

성령은 장래 일을 제자들에게 알리실 것이다. '알리다'는 반복해서 말한다는 의미다. 한 번만 가르치는 것이 아니라 알아들을 때까지 계속 반복해 가르치실 것이다. 어떤 이들은 '장래 일'을 오순절에 성령을 통해 임할 방언으로 풀이하지만, 세상이 끝나는 날 있을 일들을 말한다. 성령이 장래 일을 알려 주시는 것은 개인사에 대한 예언이 아니라 하나님 나라의 종말과 구원에 관한 것이다. 성령은 세상이 끝나는 날까지 제자들과 함께하며 그들을 가르치고 보호하실 것이다.

성령은 자신의 영광이 아니라 예수님의 영광을 나타내실 것이다. 성령은 예수님께 들은 것을 제자들에게 알리는 일을 통해 예수님의 영광을 나타내신다. 성령의 주된 사역은 제자들이 이미 예수님께 들은 말씀을 기억나게 하는 것이다. 성령이 드러내시는 예수님의 영광은 아버지의 영광이기도 하다. 또한 성령은 예수님의 또 다른 보혜사다. 그러므로 성령은 삼위일체 하나님의 영광을 드러내신다.

 삶의 내비게이션(적용)

1 예수님이 떠나신다는 말씀에 제자들의 마음은 슬프기만 하다. 당신의 삶에서 누군가를 떠나보낸 경험을 이야기해 보자.

관찰문제 1번 참고. 자기중심적인 생각을 탈피할 수 없는 제자들은 예수님이 떠나신다는 말씀에 슬프기만 하다. 주님보다 남겨질 자신들의 미래가 걱정되었기 때문이다. 그래서 주님이 어디로 가시는지에는 관심이 없고 질문도 하지 않는다. 만약 예수님이 하나님 아버지께 갔다가 다시 오실 것이라는 사실을 믿었다면 슬퍼하지 않았을 것이다. 모든 것에는 때가 있다. 예수님으로 인해 행복할 때가 있으면 고난받아야 할 때도 있다. 믿음으로 사는 일에도 때와 단계가 있다. 신앙의 첫 단계는 축복만을 누리고 기뻐하는 때다. 그러다가 점차 시간이 지나고 신앙이 자람에 따라 조금씩 핍박을 감수해야 하는 때가 온다. 성숙한 신앙의 최고봉은 그리스도의 고난에 동참하는 영광을 얻는 일이다.

그동안 제자들은 하나님 아버지와 아들 예수님이 함께하시는 삶을 살았지만, 보혜사 성령이 오시면 삼위일체 하나님이 함께하시는 삶을 살게 될 것이다. 예수님의 떠나심은 그들과 함께하실 것을 약속하고 보장하는 일이다. 그러므로 제자들에게는 예수님의 떠나심이 유익하다.

제자들은 예수님과 육적으로는 헤어지지만, 예수님이 성령을 보내 늘 함께할 것이라는 약속을 기억하며 믿음으로 견뎌 내야 한다. 우리도 사랑하는 사람들을 하늘나라로 먼저 보내는 슬픔을 맞이할 때가 있다. 그때 그리스도인은 하늘 아버지 품에 안긴 고인의 영혼을 바라보며 마음에 위로를 받고 천국에 대한 소망으로 슬픔을 능히 이기는 경험을 하게 된다. 하지만 부모님이나 가족 그리고 친구가 믿지 않고 죽음을 맞이했을 때는 마음에 커다란 상처가 남는다. 또한 우리 주변에는 기독교의 천국 환송 예배(장례 위로 예배)를 통해 천국이 있음을 깨닫고 예수님을 믿게 된 간증도 많다. 그러므로 이 땅에 사는 동안 믿음을 가지고 살다가 하나님이 부르시는 날 하늘 아버지 품에 안기는 영광스러운 죽음을 맞이하는 지혜가 필요하다. 각자의 삶에서 누군가를 떠나보내며 느꼈던 감정이나 생각 그리고 생생한 체험을 이야기해 본다.

2 성령은 세상의 죄와 의와 심판에 대해 책망하신다. 당신의 삶에서 세상적인 가치관과 기준에 따라 사는 모습은 무엇인가?

관찰문제 3번 참고. 성령이 세상을 책망하시는 이유는 세상이 겉모양, 곧 눈에 보이는 것으로 심판하기 때문에 영적인 일에 대해서는 완전히 잘못된 판단만 내리기 때문이다. 세상은 사탄에게 지대한 영향을 받아 마귀의 시각과 기준으로 많은 것을 판단하고 심판한다. 지금도 세상은 마귀의 영향을 받고 있으며, 종말이 올 때까지 세상 사람들에게 지대한 영향을 미칠 것이다. 하지만 분명한 것은 사탄은 하나님의 심판을 받아 이미 패배했다는 사실이다. 또한 예수님이 십자가에서 죽으시고 부활하셔서 죄와 사망의 권세를 깨뜨리심으로 마귀는 공식적으로 패배했다.

그러므로 그리스도인은 패배한 마귀가 세상에 심어 놓은 가치관과 기준을 따라가지 말고, 하나님의 가치관과 기준 곧 성경 말씀을 따라 살아야 한다. 하나님의 자녀는 세상에 속한 것을 추구할 수 없다. 세상에 있지만 하나님께 속한 자녀로서 구별되고 경건한 삶을 실천해야 한다. 우리 주변에는 그리스도인임에도 불구하고 하나님과 세상 사이에서 갈팡질팡하며 양다리를 걸치는 사람들이 있다. 세상일을 우선시하고 하나님 예배하는 것을 미루는 일, 주일에 예배 대신 캠핑이나 나들이를 즐기는 일, 동성애 퀴어 축제에 참여하는 일, 개업하거나 사업장을 이전하면서 고사를 지내는 일, 점치는 행위, 반기독교적인 영화와 드라마 등을 비판 없이 받아들이는 일, 성형 및 마약 중독에 빠지는 일 등은 그리스도인의 삶에도 이미 깊이 들어와 있다. 각자의 삶에서 깊이 사고하지 않고 생각 없이 즐기고 있는 세상적인 모습과 가치관은 무엇인지 돌아보고 이야기해 본다.

3 진리의 성령은 예수님께 들은 것을 가르침으로써 제자들이 진리 안에서 살도록 도우신다. 당신이 진리를 알기 위해 실천해야 할 것은 무엇인가?

관찰문제 4번 참고. 보혜사 성령은 예수님을 대신해서 성도를 도우시는 분이다. 첫째, 진리의 영이신 보혜사는 성도들을 가르치고 예수님의 말씀을 생각나게 하신다. 둘째, 예수님에 대해 증언하신다. 셋째, 죄와 의와 심판에 대한 세상의 그릇된 생각을 책망하신다. 넷째, 성도들을 진리 가운데로 인도하신다. 아버지 하나님은 모든 것을 아들 예수님에게 주셨고, 예수님은 제자들에게 아버지의 말씀을 가르치셨다. 또한 성령은 제자들이 이미 예수님께 들은 말씀을 기억나게 하시고 깨닫게 하신다. 그러므로 하나님과 예수님과 성령, 곧 삼위일체 하나님은 계속 같은 메시지를 선포하시는 것이다. 우리가 천국에 이를 때까지 삼위일체 하나님이 우리가 가는 길을 보호하고 이끌어 주실 것이다.

오늘날 우리를 보호하고 천국으로 인도하시는 보혜사는 삼위일체 하나님의 함께하심이다. 예수님은 말씀을 통해서 우리와 함께하시는데, 성령이 가르치고 선포하시는 모든 것이 하나님이 예수님을 통해서 하신 말씀이기 때문이다. 사람은 영적 진리를 한꺼번에 다 알 수 없다. 하나님을 아는 지식에도 순서와 단계가 있다. 어떤 사람들은 유튜브나 인터넷을 통해 유명 강사의 강연에서 진리를 찾는데, 진리의 출처는 성경뿐이다. 그러므로 느긋한 마음으로 평생 성경을 읽고, 듣고, 묵상하고, 연구하고, 암송하고, 나누고, 전하면서 하나님을 조금씩 더 깊이 알아 가야 한다. 각자 하나님의 진리 말씀을 알기 위해 다시 회복하고 도전해야 할 부분은 무엇인지 이야기해 본다.

VII. 마무리

기도로 마무리한다.
제8주 관찰문제를 예습해 오게 한다.
실천과제를 제시한다.

🌼 생활의 아로마(실천)

예 1) 성경적 진리를 알기 위해 건강한 성경 공부와 성경 읽기를 계획하고 적극적으로 참여한다.

2) 생각 없이 즐기는 세상적인 문화와 가치관은 무엇인지 점검하고 바로잡는다(예: 반기독교적인 행사와 영화/드라마, 타로나 사주 같은 점치기, 마약, 성형 등).

제8주 "하나 되게 하소서!"

세상이 하나님의 사랑과 복음을 믿도록 교회 공동체의 하나 됨을 위해 힘쓴다.

KEYWORD **영광, 거룩, 하나 됨**

I. 찬양과 기도

II. 지난주 실천과제 나눔

III. 복습문제 풀이

 **복습**

1 진리의 성령이 하시는 역할과 가르침의 출처는 무엇인가?(16:13)

   a) 역할: 제자들을 모든 진리 가운데로 인도하심

   b) 가르침의 출처: 예수님께 들은 것을 가르치심

IV. 말씀 요한복음 17:1-26을 다 함께 읽는다

^{17:1} 예수께서 이 말씀을 하시고 눈을 들어 하늘을 우러러 이르시되 아버지여 때가 이

르렀사오니 아들을 영화롭게 하사 아들로 아버지를 영화롭게 하게 하옵소서 2 아버지께서 아들에게 주신 모든 사람에게 영생을 주게 하시려고 만민을 다스리는 권세를 아들에게 주셨음이로소이다 3 영생은 곧 유일하신 참 하나님과 그가 보내신 자 예수 그리스도를 아는 것이니이다 4 아버지께서 내게 하라고 주신 일을 내가 이루어 아버지를 이 세상에서 영화롭게 하였사오니 5 아버지여 창세 전에 내가 아버지와 함께 가졌던 영화로써 지금도 아버지와 함께 나를 영화롭게 하옵소서 6 세상 중에서 내게 주신 사람들에게 내가 아버지의 이름을 나타내었나이다 그들은 아버지의 것이었는데 내게 주셨으며 그들은 아버지의 말씀을 지키었나이다 7 지금 그들은 아버지께서 내게 주신 것이 다 아버지로부터 온 것인 줄 알았나이다 8 나는 아버지께서 내게 주신 말씀들을 그들에게 주었사오며 그들은 이것을 받고 내가 아버지께로부터 나온 줄을 참으로 아오며 아버지께서 나를 보내신 줄도 믿었사옵나이다 9 내가 그들을 위하여 비옵나니 내가 비옵는 것은 세상을 위함이 아니요 내게 주신 자들을 위함이니이다 그들은 아버지의 것이로소이다 10 내 것은 다 아버지의 것이요 아버지의 것은 내 것이온데 내가 그들로 말미암아 영광을 받았나이다 11 나는 세상에 더 있지 아니하오나 그들은 세상에 있사옵고 나는 아버지께로 가옵나니 거룩하신 아버지여 내게 주신 아버지의 이름으로 그들을 보전하사 우리와 같이 그들도 하나가 되게 하옵소서 12 내가 그들과 함께 있을 때에 내게 주신 아버지의 이름으로 그들을 보전하고 지키었나이다 그 중의 하나도 멸망하지 않고 다만 멸망의 자식뿐이오니 이는 성경을 응하게 함이니이다 13 지금 내가 아버지께로 가오니 내가 세상에서 이 말을 하옵는 것은 그들로 내 기쁨을 그들 안에 충만히 가지게 하려 함이니이다 14 내가 아버지의 말씀을 그들에게 주었사오매 세상이 그들을 미워하였사오니 이는 내가 세상에 속하지 아니함 같이 그들도 세상에 속하지 아니함으로 인함이니이다 15 내가 비옵는 것은 그들을 세상에서 데려가시기를 위함이 아니요 다만 악에 빠지지 않게 보전하시기를 위함이니이다 16 내가 세상에 속하지 아니함 같이 그들도 세상에 속하지 아니하였사옵나이다 17 그들을 진리로 거룩하게 하옵소서 아버지의 말씀은 진리니이다 18 아버지께서 나를 세상에 보내신 것 같이 나도 그들을 세상에 보내었고 19 또 그들을 위하여 내가 나를 거룩하게 하오니 이는 그들도 진리로 거룩함을 얻게 하려 함이니이다 20 내가 비옵는 것은 이 사람들만 위함이 아니요 또 그들의 말로 말미암아 나를 믿는 사람들도 위함이니 21 아버지여, 아버지께서 내 안에, 내가 아버지 안에 있는 것 같이 그들도 다 하나가 되어 우리 안에 있게 하사 세상으로 아버지께서 나를 보내신 것을 믿게 하옵소서 22 내게 주신 영광을 내가 그들에게 주었사오니 이는 우리가 하나가 된 것 같이 그들도 하나가 되게 하려 함이니이다 23 곧 내가 그들 안에 있고 아버지께서 내 안에 계시어 그들로 온전함을 이루어 하나가 되게 하려 함은 아버지께서 나를 보내신 것과 또 나를 사랑하심 같이 그들도 사랑하신 것을 세상으로 알게 하려 함이로소이다 24 아버지여 내게 주신 자도 나 있는 곳에 나와 함께 있어 아버지께서 창세 전부터 나를 사랑하시므로 내게 주신 나의 영광을 그들로 보게 하시기를 원하옵나이다 25 의로우신 아버지여 세상이 아버지를 알지 못하여도 나는 아버지를 알았사옵고 그들도 아버지께서 나를 보내신 줄 알았사옵나이다 26 내가 아버지의 이름을 그들에게 알게 하였고 또 알게 하리니 이는 나를 사랑하신 사랑이 그들 안에 있고 나도 그들 안에 있게 하려 함이니이다

말씀 돋보기(관찰)

1 예수님이 아버지께 간구한 내용은 무엇이며, 어떻게 아버지를 영화롭게 하셨는가?(17:1, 4, 8)

   a) 예수님의 간구(1절): 아버지께서 아들을 영화롭게 하사 아들로 아버지를 영화롭게 하는 것

   b) 영화롭게 하신 방법(4절): 아버지께서 주신 일을 이루어 아버지를 영화롭게 하심

예수님은 제자들에게 여러 가지 가르침을 주신 후 하나님께 기도하신다. 예수님은 아버지께서 아들을 영화롭게 함으로써 아들로 하여금 아버지를 영화롭게 하게 해 달라고 간구하신다. '영화롭게 하다'는 '찬양하다, 영광을 돌리다'라는 뜻이다. 십자가는 하나님의 아들을 영화롭게 하는 일이며, 아들이 하나님을 영화롭게 하는 일이다. '영화'는 이 기도문에서 가장 중요한 주제다. 이 영화는 십자가에서 새로 임하는 것이 아니라 이미 예수님과 하나님이 가지고 계신 것을 봉헌하는 것이다.

예수님은 아버지께서 주신 일을 모두 이루어 아버지를 영화롭게 하셨다.

우리는 세부적인 종교 예식을 행하거나 광기에 가까운 열정을 표현하는 것으로는 하나님의 영광을 드러낼 수 없다. 오직 하나님이 주신 사명을 온전히 이룰 때 하나님을 영화롭게 할 수 있다. 소명을 의식하며 성실하게 사는 것이 바로 하나님의 영광을 드러내는 삶이다.

2 영생에 대한 정의는 무엇이며, 제자들이 믿은 것은 무엇인가?(17:3, 8)
　　a) 영생의 정의(3절): 유일하신 참 하나님과 그분이 보내신 예수 그리스도를 아는 것
　　b) 믿음의 내용(8절): 예수님이 하나님 아버지께로부터 오신 것과 아버지께서 예수님을 보내신 것을 믿는 것

예수님은 '영생'을 유일하신 참 하나님과 그분이 보내신 예수 그리스도를 아는 것이라고 정의하신다. '알다'는 경험하고 순종하고 사랑한다는 뜻이다. 하나님을 아는 것은 곧 예수님의 삶과 미션에 동참하는 것이다. 아들을 부인하는 것은 곧 아버지에 대한 참 지식을 부인하는 것이다. 오직 아들을 통해서만 아버지를 알 수 있기 때문이다. 하나님 아버지께서는 예수님에게 만민을 다스리는 권세를 주셨고, 예수님은 받은 권세를 아버지께서 자기에게 주신 모든 사람에게 영생을 주는 일에 사용하신다. 하나님이 예수님을 통해 세상을 구원하고 영생을 주시는 것은 복음이자 하나님의 비전이다.

예수님은 자신이 아버지께 받은 말씀을 제자들에게 주셨다. 제자들은 예수님의 가르침을 받고 예수님이 하나님 아버지께로부터 오신 것과 아버지께서 예수님을 보내신 것을 믿었다. 믿음은 예수님이 아버지께로부터 오셨으며, 아버지께서 예수님을 보내신 것을 믿는 것이다. 사람이 이렇게 하려면 하나님 아버지를 먼저 알아야 한다. 또한 믿음이 없으면 하나님에 대해 아무것도 알 수 없다. 그러므로 믿음과 하나님 아버지를 아는 지식은 나눌 수 없으며, 믿음은 하나님과 예수님을 아는 것이라고 정의할 수 있다.

3 예수님은 누구를 위해, 그리고 무엇을 위해 기도하시는가?(17:9-11)

a) 누구를 위해(9절): 제자들

b) 무엇을 위해(11절): 아버지의 이름으로 제자들을 보전하사 우리(하나님 아버지와 예수님)와 같이 그들도 하나가 되도록

예수님은 세상이 아니라 제자들을 위해 간절히 기도하신다. 제자들은 하나님이 예수님에게 주신 사람들이다. 예수님은 하나님이 원하시는 대로 제자들을 가르치고 세우셨다. 또한 제자들은 아직도 아버지의 사람들이다. 제자들은 예수님을 통해 그들을 예수님에게 보내신 하나님과 관계를 유지하고 있다.

예수님은 하나님이 제자들을 보전하셔서 아버지와 아들이 하나인 것처럼 그들도 하나 되기를 바라는 마음에서 이렇게 기도하신다. 제자들을 보전해 달라는 것은 하나님이 모든 능력을 동원해 제자들을 지켜 주셔서 세상이 가하는 해를 입지 않게 해 달라는 간구다. 예수님이 제자들을 위해 이렇게 기도하시는 것은 제자들이 그들을 미워하는 세상 안에 있기 때문이다. 하나님이 보전을 멈추시는 순간 제자들은 도저히 감당할 수 없는 세상의 공격을 받게 된다. 그러므로 이 말씀은 오늘날 우리가 잘 살고 있는 것은 바로 하나님의 보호하심이 우리를 보전하고 있기 때문임을 암시한다.

4 제자들이 세상에서 미움을 받는 이유와 그들이 거룩하게 되는 길은 무엇인가? 예수님은 제자들이 어떻게 보전되기를 간구하시는가? (17:14-15, 17)

a) 미움받는 이유(14절): 예수님처럼 세상에 속하지 않았기 때문에

b) 거룩하게 되는 길(17절): 진리, 곧 하나님의 말씀

c) 예수님의 간구(15절): 제자들이 악에 빠지지 않도록 보전하시기를 간구하심

제자들이 세상으로부터 미움을 받는 이유는 그들이 예수님처럼 세상에 속하지 않았기 때문이다. 예수님은 하나님의 말씀을 제자들에게 가르치셨고, 제자들은 받은 하나님의 말씀을 사랑했다. 하나님의 말씀을 삶의 지침이자 기준으로 삼아 순종하며 살고자 노력했다는 뜻이다. 또한 앞으

로도 성령이 계속 말씀을 기억나게 하고 말씀 위에 확고히 서게 하실 것이다. 세상은 하나님의 말씀을 통해 다른 가치관과 세계관으로 살아가는 그리스도인들을 멸시할 뿐 아니라 노골적으로 핍박할 것이다. 예수님이 세상에 속하지 않으신 것처럼 그리스도인도 세상에 속하지 않았기 때문이다. 하나님이 그리스도인들을 보호하지 않으시면, 그들에게 적대적인 세상에서 살아가기가 쉽지 않다.

예수님은 하나님이 제자들을 세상에서 데려가시도록 기도하지 않으신다. 다만 그들이 악에 빠지지 않게 보전하시기를 간구하신다. 이 말씀은 그리스도인의 삶이 어떠해야 하는지 정의한다. 그리스도인은 이 땅에 사는 한 세상을 떠나서 살 수 없다. 물론 세상이 우리의 거처는 아니다. 하늘나라가 우리가 거할 곳이다. 그럼에도 불구하고 우리는 세상에 있어야 한다. 하나님 나라에 입성하기 전에 이룰 사명이 있기 때문이다. 그러므로 교회는 세상에서 나오면 안 된다. 또한 세상이 교회의 일부가 되어서도 안 된다. 교회는 성령으로 충만한 하나님의 거처가 되어야 한다.

예수님은 진리인 하나님의 말씀으로 제자들을 거룩하게 해 주시길 기도하신다. 제자들의 삶이 예수님께 배운 하나님의 진리로 가득하게 되기를 바라는 기도다. '거룩하다'의 가장 기본적인 개념은 구별해 따로 세운다는 것이다. 제자들은 영으로 난 사람들이다. 하나님 나라를 대표해 세상에 있지만, 세상의 일부이거나 세상에 속하지는 않았다. 그들은 하늘나라의 대사다. 예수님이 시작하신 하나님의 미션을 제자들이 이어 나갈 것이다.

5 예수님이 원하시는 하나 됨의 범위는 어디까지이며, 그 목적은 무엇인가?(17:20, 23)

a) 범위(20절): 제자들의 말을 듣고 예수님을 믿게 될 사람들까지

b) 목적(23절): 하나님이 예수님을 보내신 것과 예수님을 사랑하시는 것처럼 교회도 사랑하시는 것을 알게 하기 위해

이제 예수님은 제자들이 전도해 세울 하나님 백성 공동체를 위해 기도하신다. 아직 만나 보지 못한 미래의 제자들을 위한 기도다. 예수님은 곧

하나님 아버지께로 떠나신다. 머지않아 제자들도 곧 떠날 것이다. 그러나 그들이 세운 교회는 세대를 이어 가며 주님이 다시 오실 때까지 세상에 있을 것이다. 예수님의 제자가 있는 곳마다 회심자가 계속 생겨 날 것이고 새로운 회심자가 있는 한 교회는 계속 유지될 것이다.

예수님은 하나님 아버지가 자기 안에, 자기가 아버지 안에 있는 것처럼 미래의 그리스도인들이 하나 되어 삼위일체 하나님 안에 있게 하시기를 기도하신다. 교회의 미션은 성도의 수가 몇 명이든 하나 되어 하나님 안에 거하는 것이다. 그러니 예수님이 교회에 바라시는 하나 됨은 균일성이 아니다. 하나님 아버지와 아들 예수님이 각자 개성이 있고 구별되면서도 하나이신 것처럼 교회에 속한 성도들 역시 각자 다른 개성을 지니면서도 목적과 사랑과 실천에는 한 몸처럼 행동하기를 원하신다.

예수님이 교회의 하나 됨을 이처럼 간절히 원하시는 것은 세상에 두 가지를 알려 주기 위해서다. 첫째, 하나님이 예수님을 보내신 것을 알게 하기 위해서다. 둘째, 하나님이 예수님을 사랑하신 것처럼 교회도 사랑하시는 것을 알게 하기 위해서다. 세상은 너무나도 많은 파편으로 나뉘어 있어 결코 하나가 될 수 없다. 그러므로 교회가 하나 되면 세상은 교회에 임한 창조주 하나님의 특별한 사랑을 의식하게 될 것이다. 세상에 하나님의 사랑을 가장 확실하게 보여 주는 것은 교회의 하나 됨이다. 교회가 하나 되면 세상은 하나님의 사랑이 아직도 교회를 통해 이 땅에 임하고 있음을 의식하게 된다. 그러므로 하나 됨을 통해 전도의 길도 열릴 것이다.

 삶의 내비게이션(적용)

1 믿음은 하나님과 예수님을 아는 것이다. 당신이 하나님과 예수님을 알고 난 후 삶에서 달라진 점이 있다면 무엇인가?

관찰문제 2번 참고. 믿음은 예수님이 아버지께로부터 오셨으며, 아버지께서 예수님을 보내신 것을 믿는 것이다. 사람이 이렇게 하려면 하나님 아버지를 먼저 알아야 한다. 그러므로 믿음과 하나님을 아는 지식은 나뉠 수 없다. 또한 믿음이 없으면 하나님에 대해 아무것도 알 수 없다. 그러므로 더 열심히 성경을 연구하고 묵상하며 하나님을 더 깊이 알아 가는 믿음을 추구해야 한다.

예수님의 제자가 되는 것은 곧 아버지와 아들이신 예수님이 한 분이라는 것을 믿고 고백하는 것이다. 이렇게 고백하는 사람은 어느 시대든 소수에 불과하다. 구약 시대에 하나님은 자기 혼자만 믿는 것 같다며 탄식하는 엘리야에게 바알에게 무릎 꿇지 않은 7,000명이 있다고 하셨다(왕상 19:18). 많지는 않지만 하나님과 예수님을 사랑하는 사람들을 항상 이 땅에 두실 것이다. 예수님을 믿는 우리도 하나님이 이 땅에 두신 자들이다.

그러므로 하나님과 예수님을 알아 가고 삶으로 예수님을 증거하며 살아야 한다. 우리가 예수님을 알기 전에는 세상의 가치관과 기준을 따라 내가 삶의 주인이 되어 죄를 지으며 마음대로 살았다. 그러나 예수님을 믿고 난 후에는 어려운 일이 있을 때 내 힘과 사람을 의지하는 대신 하나님께 기도하고, 하얀 거짓말조차 하지 않으려고 노력하고, 돈과 권력과 시간을 내가 아닌 하나님 나라와 복음을 위해 사용하고, 염려와 근심이 믿음과 소망으로 바뀌는 경험을 하고, 모든 면에서 '예수님이라면 어떻게 하셨을까?' 하며 의식하게 된다. 우리는 완벽하지는 않지만 조금씩 변화되고 있다. 각자 예수님을 믿기 전과 후에 삶에서 달라진 점은 무엇인지 이야기해 본다.

2 예수님은 아버지와 아들이 하나인 것처럼 교회에 속한 성도들 역시 하나 되기를 원하신다. 당신이 교회 공동체를 통해 누리는 유익과 감사는 무엇인가?

관찰문제 3, 5번 참고. 하나 됨은 교회가 이 땅에 존재하는 가장 기본적이고 궁극적인 목표다. 교회의 하나 됨은 교회 안의 통일성이 아니라 예수님(하나님) 안에서 하나 됨이다. 세상은 절대 하나가 될 수 없다. 그러나 그리스도인들은 예수님 안에서 하나가 될 수 있다. 예수님이 하나님과 하나이신 것처럼, 우리도 하나님 안에서 하나가 될 수 있다. 하나님은 그리스도인들이 예수님 안에서 하나 되길 원하신다. 나아가 그리스도인들의 하나 됨을 통해 세상이 하나님을 알고 하나님께 돌아오길 바라신다.

그리스도인들에게 신앙 공동체가 필요한 이유는 무엇인가? 그리스도인이 각자

뿔뿔이 흩어져 살면 마귀가 훨씬 더 쉽게 공격할 수 있기 때문이다. 반면에 하나님과 예수님이 하나이신 것처럼 그리스도인이 하나가 되면 마귀가 쉽게 공격하지 못한다. 또한 그리스도인은 하나님의 도우심과 서로 격려하는 힘으로 마귀의 공격을 막아 낼 수 있다. 그뿐 아니라 어려운 일이 있을 때 성도들의 중보 기도를 통해 위로와 평안을 얻게 되고, 세상에서 잘못된 길로 가려고 할 때 신앙의 울타리가 되어 주고, 신앙의 선후배를 통해 선한 영향력을 받게 되고, 하나님의 말씀을 배우고 경건을 추구하며 살게 되고, 비혼주의와 이혼 등으로 가정이 해체될 위기 가운데 있는 현대인들이 주님 안에서 영적인 가족들을 만나고 경험하는 유익을 누리게 된다. 각자 교회 공동체를 통해 누리는 유익과 감사는 무엇인지 이야기해 본다.

3 예수님은 우리를 통해 신앙이 전수되고 복음이 전파되길 원하신다. 이것의 출발점은 가정이다. 당신이 가정 내에서 신앙 전수를 위해 실천하고 있는 것은 무엇인가?

관찰문제 5번 참고. 신앙이 세대를 거듭해 전수되는 것은 두 가지 사실을 드러낸다. 첫째, 예수님에 대한 하나님 아버지의 사랑이 그들 안에 있다는 사실이다. 하나님의 사랑이 없이는 믿음을 유지하는 것이 불가능하다. 그러므로 그들이 믿음을 유지하는 것은 곧 하나님의 사랑이 그들 안에 있다는 증거다. 둘째, 예수님이 그들 안에 계신다는 사실이다. 그들이 하나님을 믿고 사랑을 경험하게 되는 데는 세대를 거듭하며 전수된 예수님의 가르침이 가장 중요한 역할을 한다. 예수님의 가르침을 믿는다는 것은 예수님을 영접했다는 뜻이다. 그러므로 예수님의 말씀이 전수되는 한 예수님도 그들 안에 거하신다.

예수님의 가르침은 세대를 거듭하며 전수될 것이고, 그리스도인 공동체를 통해 이 일은 계속될 것이다. 교회는 공동체 예배와 성경 공부, 다양한 주제의 세미나, 기도회와 부흥회, 수련회와 성경학교, 목장 및 셀 모임 등을 통해 대그룹 속에서 신앙 교육을 할 수 있다. 그리고 가정에서는 부모를 중심으로 자녀들과 가정 예배, 성경 읽기, 말씀 묵상, 기독교 유적지 및 성지 탐방 등을 통해 신앙 교육을 실천할 수 있다. 특별히 부모는 교회에서 진행되는 세대 간 통합 예배와 가정 예배 콘텐츠 및 가이드북, 부모 교육 및 코칭 같은 교육 프로그램에 적극적으로 참여하고, 믿음의 부모로서 자녀들을 힘써 가르치는 주체가 되어야 한다. 교회학교가 문을 닫고 다음 세대가 빠르게 사라지는 위기를 겪고 있는 이 시대에 신앙 교육과 전수를 위해 교회와 가정이 함께 노력하는 자세가 절실히 요구된다. 각자 가정 내 신앙 전수를 위해 어떤 노력과 실천을 하고 있는지 이야기해 본다.

기도로 마무리한다.
제9주 관찰문제를 예습해 오게 한다.
실천과제를 제시한다.

 **생활의 아로마**(실천)

예 1) 성도들이 교회 공동체에 속한 유익을 경험하도록 내가 할 수 있는 일을 찾아서 실천한다(예: 아프고 어려운 일을 당한 성도 심방, 식사나 티 타임 등 교제 시간 갖기 등).

2) 자녀 및 가족들과 신앙 이야기를 하거나 신앙 교육을 할 시간을 계획하고 실천한다.

제9주 권력과 책임

살면서 무언가를 결정할 때마다 하나님을 향한 두려움에 근거해 바르게 결정하도록 노력한다.

KEYWORD **권력, 책임, 결정**

I. 찬양과 기도

II. 지난주 실천과제 나눔

III. 복습문제 풀이

 ## 복습

1 예수님이 원하시는 하나 됨의 범위는 어디까지이며, 그 목적은 무엇인가?(17:20, 23)

    a) 범위(20절): 제자들의 말을 듣고 예수님을 믿게 될 사람들까지

    b) 목적(23절): 하나님이 예수님을 보내신 것과 예수님을 사랑하시는 것처럼 교회도 사랑하시는 것을 알게 하기 위해

19:1 이에 빌라도가 예수를 데려다가 채찍질하더라 2 군인들이 가시나무로 관을 엮어 그의 머리에 씌우고 자색 옷을 입히고 3 앞에 가서 이르되 유대인의 왕이여 평안할지어다 하며 손으로 때리더라 4 빌라도가 다시 밖에 나가 말하되 보라 이 사람을 데리고 너희에게 나오나니 이는 내가 그에게서 아무 죄도 찾지 못한 것을 너희로 알게 하려 함이로라 하더라 5 이에 예수께서 가시관을 쓰고 자색 옷을 입고 나오시니 빌라도가 그들에게 말하되 보라 이 사람이로다 하매 6 대제사장들과 아랫사람들이 예수를 보고 소리 질러 이르되 십자가에 못 박으소서 십자가에 못 박으소서 하는지라 빌라도가 이르되 너희가 친히 데려다가 십자가에 못 박으라 나는 그에게서 죄를 찾지 못하였노라 7 유대인들이 대답하되 우리에게 법이 있으니 그 법대로 하면 그가 당연히 죽을 것은 그가 자기를 하나님의 아들이라 함이니이다 8 빌라도가 이 말을 듣고 더욱 두려워하여 9 다시 관정에 들어가서 예수께 말하되 너는 어디로부터냐 하되 예수께서 대답하여 주지 아니하시는지라 10 빌라도가 이르되 내게 말하지 아니하느냐 내가 너를 놓을 권한도 있고 십자가에 못 박을 권한도 있는 줄 알지 못하느냐 11 예수께서 대답하시되 위에서 주지 아니하셨더라면 나를 해할 권한이 없었으리니 그러므로 나를 네게 넘겨 준 자의 죄는 더 크다 하시니라 12 이러하므로 빌라도가 예수를 놓으려고 힘썼으나 유대인들이 소리 질러 이르되 이 사람을 놓으면 가이사의 충신이 아니니이다 무릇 자기를 왕이라 하는 자는 가이사를 반역하는 것이니이다 13 빌라도가 이 말을 듣고 예수를 끌고 나가서 돌을 깐 뜰(히브리 말로 가바다)에 있는 재판석에 앉아 있더라 14 이 날은 유월절의 준비일이요 때는 제육시라 빌라도가 유대인들에게 이르되 보라 너희 왕이로다 15 그들이 소리 지르되 없이 하소서 없이 하소서 그를 십자가에 못 박게 하소서 빌라도가 이르되 내가 너희 왕을 십자가에 못 박으랴 대제사장들이 대답하되 가이사 외에는 우리에게 왕이 없나이다 하니 16 이에 예수를 십자가에 못 박도록 그들에게 넘겨 주니라

건너뛴 장 내용 요약

18장 예수님의 잡히심(1-11절), 안나스 앞에서(12-27절), 빌라도에게 재판을 받으심(28-40절)

 말씀 돋보기(관찰)

1 예수님은 지금 누구에게 재판을 받고 있으며, 죄목은 무엇인가?(19:1, 3)
   a) 예수님을 재판하는 사람(1절): 빌라도
   b) 죄목(3절): 유대인의 왕

Tip 예수님은 하나님의 백성인 유대인에게 재판을 받으시고(18:13–27), 그런 다음 이방인을 대표하는 로마인에게 재판을 받으셨다(18:28–40). 이는 증거와 자료를 근거로 한 재판이 아니라 이미 정해진 형벌을 내리기 위한 형식적인 재판이었다. 아이러니한 것은 하나님의 백성이라고 자부하는 유대인은 하나님의 아들이신 예수님을 죽이려 하고, 하나님을 알지 못하는 이방인을 대표하는 로마인은 메시아로 오신 예수님에게 죄가 없다며 어떻게든 살리려 한다는 사실이다. 이제 예수님은 최종 판결을 남겨둔 채 빌라도 앞에서 재판을 받으신다.

빌라도는 관정으로 들어가 부하들에게 예수님을 채찍질하라고 했다. 율법은 40회 이상 채찍질하는 것을 금하지만(신 25:3; cf. 고후 11:24), 로마는 제한을 두지 않았다. 채찍은 참으로 잔인하고 인격 모독적인 벌이다. 모든 사람이 보는 앞에서 행해졌기 때문이다. 로마 사람들은 가죽으로 만든 채찍 줄에 날카로운 뼛조각을 달아 사용했는데, 날카로운 쇳조각을 단 것도 있었다. 이런 채찍으로 심하게 맞으면 살이 찢기는 것은 물론이고, 뼈가 드러나고 내장까지 흘러나왔다고 한다.

예수님을 채찍질한 로마 군인들이 가시나무로 엮은 관을 예수님 머리에 씌우고 자색 옷을 입혔다. 그들은 예수님을 '유대인의 왕'이라고 놀리면서 정작 머리에는 왕과 상관없는 시합이나 경기에서 승리한 사람에게 주는 관을 씌웠다. 자색 옷은 로마 군인들과 관료들이 입고 다니던 붉은 망토이고, 왕족들이 입고 다니던 자색 옷과는 질이 다르다. 군인들은 예수님이 최대한 우스꽝스럽게 보이도록 꾸미고 육체적으로 학대하는 데서 그치지 않고 영적으로도 학대했다. 군인들은 예수님을 '유대인의 왕'이라고 놀리면서 뺨을 때렸다. 메시아가 어리석은 죄인들의 놀림거리가 되셨다.

빌라도는 예수님을 로마를 위협하는 '유대인의 왕'이라고 생각하지 않았다. 그러나 이것은 예수님을 로마의 유대 통치를 위협하는 인물로 내몰아 처형할 수 있는 유일한 합법적 죄목이다. 빌라도는 시간이 지나면 자신이 알거나 생각한 것보다 더 많은 것을 말했다는 사실을 깨달을 것이다. 예수님은 온 인류를 구원하기 위해 하늘에서 오신 '유대인의 왕'이시기 때문이다.

2 예수님에 대한 대제사장들의 반응과 빌라도의 증언은 무엇이며, 유대인들이 고발한 예수님의 죄는 무엇인가?(19:6-7)
a) 대제사장들의 반응(6절): 예수님을 십자가에 못 박으라고 소리침
b) 빌라도의 증언(6절): "나는 그[예수]에게서 죄를 찾지 못하였노라"라고 증언함
c) 유대인들이 고발한 예수님의 죄(7절): 예수님이 자신을 하나님의 아들이라고 한 죄

빌라도는 "예수에게는 아무런 죄가 없으며, 그는 죄를 지을 만한 사람이 못 된다"라고 말했다. 그러나 관정 밖에는 대제사장들과 그들의 아랫사람이 많았다. 그들은 예수님을 십자가에 못 박으라고 소리치며 주변 사람들을 선동했다. 빌라도는 죄 없는 예수님을 죽이라고 외치는 유대인들에게 만일 예수님을 죽이고 싶으면 직접 데려가 십자가에 못 박으라고 했다. 그에 더해 죄 없는 사람을 죽이는 것은 자기 양심이 허락하지 않는다는 취지의 말도 했다. 빌라도는 예수님의 처형에 대한 모든 책임이 유대인에게 있는 것처럼 부인했다. 그렇다고 해서 빌라도가 예수님의 죽음에 대한 책임을 회피하거나 면할 수는 없다. 교회는 사도신경("본디오 빌라도에게 고난을 받아 십자가에 못 박혀 죽으시고")을 통해 매주 그에게 예수님의 죽음에 대한 책임이 있다는 사실을 고백한다.

빌라도가 예수님에게서 어떠한 죄도 찾지 못했다고 하자 유대인들은 그들의 법대로 하면 예수님은 당연히 죽어야 한다고 말했다. 유대인의 법은 구약 율법을 뜻한다. 그들은 예수님이 자신을 두고 하나님의 아들이라고 한 것이 죽어 마땅한 죄라고 했다. 그러나 구약에 비추어 볼 때 사

람을 가리켜 하나님의 아들이라고 하는 것은 죄가 아니다. 실제로 구약은 왕들을 하나님의 아들들이라고 불렀다(시 2, 45, 89, 110편). 유대인들은 구약을 모르는 빌라도에게 왜곡된 구약 해석을 근거로 예수님의 죽음을 요구하고 있는 것이다. 예수님은 하나님 아버지와 자신이 같다는 의미에서 하나님의 아들이라고 하셨다. 예수님은 자신이 하나님의 아들이라는 사실을 항상 마음에 품고 사셨다.

3 빌라도는 예수님을 살리고 죽이는 권한이 누구에게 있다고 허세를 부렸는가? 이에 대해 예수님은 뭐라고 말씀하셨는가?(19:10-11)

a) 빌라도의 허세(10절): 예수님을 놓아주거나 십자가에 못 박을 권한이 자신에게 있다고 함

b) 예수님의 대답(11절): 위(하늘)에서 주지 않으셨다면 나(예수님)를 해할 권한이 없었을 것이라고 말씀하심

예수님이 두려워진 빌라도는 예수님을 관정 안으로 데려오게 한 뒤 "너는 어디로부터냐?"라고 물었다. 예수님에게 사람인지 혹은 신(神)인지 질문하는 것이다. 예수님은 하늘에서 오셨다. 그러므로 빌라도에게 '나는 신이다'라고 말씀하시거나, 신들의 거처인 '하늘에서 왔다'라며 그가 알아듣게 말씀하실 수도 있다. 그러나 침묵하셨다. 이미 예수님은 18:36-37에서 자신에 대해 말씀하셨고, 빌라도에게는 예수님이 하나님인지 혹은 인간인지 판단할 자격이 없다. 설령 진실을 알게 되더라도 공정하게 판결하지 않을 것을 아신다. 게다가 불신자인 그가 오직 믿음으로만 알 수 있는 것을 묻고 있다. 그러므로 예수님은 그의 질문에 침묵하셨다.

예수님이 어떤 말씀도 하지 않자 빌라도는 무시당하고 있다고 생각했는지 예수님을 살리고 죽이는 권한이 자기에게 있다고 상기시켰다. 예수님의 유죄 여부를 판결하는 일에 자신이 절대적인 권세를 가졌음을 과시하는 말이다. 그러나 그는 잠시 후 자신의 판단이 아니라 유대인들이 원하는 대로 예수님에게 사형을 선고하는 허수아비일 뿐이다. 그는 허세를 부리고 있다.

예수님은 허세를 부리는 빌라도에게 예수님을 해할 권세를 하늘에서 주

지 않으셨다면 자기를 해할 권한이 그에게 없었을 것이라고 말씀하셨다. 빌라도가 예수님을 해할 권세를 지녔기 때문이 아니라 하나님이 허락하셨기 때문이라는 것이다. 모든 것이 합하여 하나님의 역사를 이루어 가고 있다. 심지어 악한 빌라도와 유대인들마저도 하나님이 이용하고 계신다.

4 예수님이 빌라도에게 사형 선고를 받은 날과 때는 언제이며, 빌라도의 재판석이 있던 장소는 어디인가?(19:13-14)

a) 사형 선고 날과 때(14절): 유월절 준비일, 제육시

b) 재판석 장소(13절): 돌을 깐 뜰(히브리 말로 '가바다')

빌라도는 예수님을 끌고 가서 돌을 깐 뜰에 있는 재판석에 앉았다. 재판석은 지역을 다스리는 자가 피고에게 형벌을 선언하는 곳이다. 빌라도가 재판석에 앉아 예수님에게 최종 판결을 선언한 것이다. 요한은 재판석이 히브리어로 '가바다'라고 하는 곳, 곧 '돌로 깐 뜰'이라는 의미를 지닌 장소에 있었다고 한다. 정확한 위치는 알 수 없지만 예루살렘 사람이라면 누구나 이름만 들으면 아는, 빌라도의 관정 앞이나 옆에 있는 돌을 깐(땅에 돌을 박아 포장한) 공간이었을 것이다.

요한은 예수님이 빌라도에게 사형 선고를 받은 날이 유월절 준비일이며, 때는 제육시였다고 기록한다. 유월절 준비일은 수요일 밤에 시작에 목요일 해 질 때 끝난다. 반면에 공관복음은 예수님이 제자들과 목요일 밤에 유월절 만찬을 하신 것으로 기록한다. 그러므로 요한이 의미하는 바는 '유월절이 있는 주의 안식일을 준비하는 날', 곧 금요일 해가 지기 전을 의미하는 것으로 해석해야 한다. 또한 19:31도 예수님이 숨을 거두신 날이 '큰(중요한) 안식일의 준비일'이었다고 한다. 이러한 전통을 근거로 우리는 예수님의 죽음이 '성금요일'에 있었다고 하는 것이다.

5 다시 한번 빌라도가 묻자 대제사장들은 어떻게 대답했는가? 빌라도는 최종적으로 어떤 판결을 내렸는가?(17:20, 23)

a) 대제사장들의 대답(15절): 가이사 외에는 그들에게 왕이 없다고 대답함

b) 최종 판결(16절): 예수를 십자가에 못 박도록 넘겨줌

 빌라도는 판결을 들으러 모인 유대인들에게 "보라 너희 왕이로다"라고 외쳤고, 무리는 "없이 하소서 없이 하소서 그를 십자가에 못 박게 하소서"라고 소리를 질렀다. 그들의 외침은 아랫사람이 윗사람에게 사용하지 않는 세 개의 명령문으로 되어 있다. 즉, 그들은 빌라도에게 자신들에게는 예수님 같은 왕은 없으니 당장 그를 처형하라고 명령하고 있다. 죽이라고 소리치는 유대인 무리는 그들이 예수님만 거부한다고 생각하지만 사실은 예수님을 통해 역사하신 하나님도 거역하고 있다.

빌라도는 "내가 너희 왕을 십자가에 못 박으랴?"라고 한 번 더 물었다. 그러자 대제사장들이 무리를 대표해 "가이사 외에는 우리에게 왕이 없나이다"라고 대답했다. 이날은 이스라엘이 이집트에서 해방된 일을 기념하는 유월절이다. 또한 구약은 하나님만이 그들의 왕이시라고 한다. 그런데 유대교의 가장 높은 자리에 앉은 자들이 자신은 로마 황제의 백성이라며 여호와만이 그들의 왕이라는 사실을 스스로 부인하고 있다. 대제사장들은 로마 황제에게 충성하는 자가 되었고, 하나님 백성이기를 거부하는 세상의 일부가 되었다.

빌라도는 결국 예수님을 십자가에 못 박도록 그들에게 넘겨주었다. 빌라도는 예수님을 놓아주려고 했지만, 유대인들의 반발이 너무 심해 그렇게 하지 못했다. 그는 유대인들이 계속 협박하자 어쩔 수 없이 십자가에 못 박으라며 예수님을 내주었다. 당시 사람을 사형에 처하는 것은 오직 로마 사람들만 할 수 있는 일이었다. 그러나 예수님이 십자가에서 죽게 된 일에 유대인들이 가장 중요하고 결정적인 역할을 하고 있다. 결국 빌라도는 자신의 의지를 발휘하지 못하고 유대인들에게 이용당하기만 했다.

Ⅵ. 적용과 나눔

삶의 내비게이션(적용)

1 예수님을 십자가에 못 박도록 결정적인 역할을 한 자들은 하나님의 백성인 유대인들이었다. 주변 사람들이 예수님을 보지 못하도록 당

신이 실수하거나 방해가 되었던 일은 무엇인가?

관찰문제 5번 참고. 하나님의 아들이신 예수님이 십자가에서 죽게 된 일에 가장 중요하고 결정적인 역할을 한 사람들은 아이러니하게도 하나님의 백성이었다. 유대인들은 여호와 하나님이 세상 모든 민족 중 자신들을 택해 백성으로 삼으시고 사랑하신다고 자부했다. 그러나 그들은 하나님의 아들이신 예수님을 영접하길 거부했다. 오히려 로마 총독 빌라도를 협박해 예수님을 죽음으로 내몰았다. 하나님에 대한 그들의 어리숙한 믿음과 지식이 오히려 길이요 진리요 생명이신 예수님을 보지 못하게 했다. 우리도 항상 겸손하게 주님을 사모해야 한다. 남들보다 하나님을 더 잘 아는 것이 교만이 되면 믿지 않는 자들보다 더 심각한 죄를 지을 수 있다.

그리스도인 공동체는 믿음의 선배들을 롤 모델로 삼아 배우고 성장한다. 노아, 아브라함, 모세, 다윗, 선지자들, 바울, 사도들 같은 성경 속 인물들의 신앙 이야기는 우리에게 좋은 길잡이가 된다. 누구보다 예수님은 그리스도인이 본받아야 할 최고의 모범이 되신다. 새신자들의 경우 처음 교회 구성원이 되었을 때 먼저 믿은 성도들을 통해 교회 생활의 실제적인 부분을 배우고 도움을 받는다. 예배와 기도, 헌금, 셀(목장, 구역) 활동, 신앙 상담을 통해 공동체의 새가족으로 성장하고 정착하게 된다. 그러나 먼저 믿은 성도들이 행함 없이 말로만 가르치려 하는 것, 상황에 대한 고려 없이 엄격한 기준으로 판단하는 것, 실수나 잘못에 대해 하나님의 징계와 심판을 지나치게 강조하는 것, 시기와 질투, 무례한 말, 끼리끼리 어울리기, 교회와 가정에서 서로 다른 이중적인 말과 행동, 직장에서 교회 생활을 핑계 대며 자기 역할 소홀히 하기 등의 모습은 오히려 다른 사람을 예수님으로부터 멀어지게 하는 결과를 초래할 수 있다. 각자 교회와 가정과 직장에서 주변 사람들이 예수님을 보지 못하도록 실수하거나 방해가 되었던 일은 무엇인지 이야기해 본다.

2 빌라도는 죄 없는 예수님을 살려 주려고 했지만 유대인들의 협박이 두려워 예수님을 십자가에 못 박도록 최종 결정을 내린다. 당신이 살면서 했던 결정 중 가장 잘한 것과 후회가 남는 것은 무엇인가?

관찰문제 2, 5번 참고. 빌라도는 예수님을 풀어 주고 싶지만, 관정 앞에 모인 유대인들을 설득하지 못했다. 게다가 가장 두려워하는 유대인들의 폭동에 대한 우려가 가중되는 상황이다. 유월절로 인해 많은 사람이 예루살렘에 모여 있기 때문에 만일 폭동이 일어나면 걷잡을 수 없이 퍼져 나갈 것이다. 그는 폭동이 두려워 유대인들이 원하는 대로 해 줄 수밖에 없었다.

우리는 결정권을 가진 자의 결단이 얼마나 중요한지 생각해 보아야 한다. 로마 총독 빌라도는 그의 말대로 예수님을 살릴 수도 있고 죽일 수도 있는 권세를 가졌다. 또한 예수님에게 죄가 없다고 확신하며 놓아주려고 했다. 그러나 무리의 협박을 이겨 내지 못하고 결국 예수님을 십자가에 못 박도록 허락했다. 그렇게 역사의 죄인이 되고 말았다. 오늘날에도 매주 수억 명에 달하는 그리스도인이 그의 죄를 기억하며 사도신경을 통해 예수님이 빌라도에게 고난을 받아 죽으셨다고 한다. 그가 하나님을 두려워하지 않고 사람을 두려워해 바른 판결을 내리지 못했기 때문이다. 우리가 살면서 내리는 결정이 하나님을 향한 두려움에 근거하고 있는지, 혹은 사람을 향한 두려움에 근거하고 있는지 깊이 묵상하고 반성해 보아야 한다. 특별히 집단적 이기주의에 빠질 때 무엇이 옳은지 생각하기보다 주변 사람들의 의견에 휩쓸려 억울하게 모함받는 사람을 방조 또는 동조하거나 여론 몰이를 하고, 더 심하게는 마녀사냥(특정 사람에게 죄를 뒤집어씌우는 것) 같은 심각한 죄를 지을 수 있다. 각자 삶에서 내렸던 수많은 선택과 결정 중 가장 잘한 것과 후회가 남는 것은 무엇인지 이야기해 본다.

3 빌라도는 예수님을 살리고 죽이는 권한이 자기에게 있다고 허세를 부렸지만 예수님은 자기를 해할 권한은 하늘 아버지께 있다고 말씀하신다. 당신이 삶에서 잘못 사용하고 있는 권한 또는 특권은 무엇인가?

관찰문제 3번 참고. 빌라도에게는 예수님이 하나님인지 혹은 인간인지 판단할 자격이 없다. 설령 진실을 듣는다고 해도 최종 판결에 공정하게 반영하지 못할 것이다. 그러므로 불신자인 빌라도가 오직 믿음으로만 알 수 있는 것을 판단한다는 것은 어불성설이다. 그는 예수님의 유죄 여부를 판결하는 일에 자신이 절대적인 권세를 가졌음을 과시했지만, 우리는 그가 유대인들이 원하는 대로 결정할 허수아비라는 것을 잘 안다. 그는 허세를 부리고 있을 뿐이다.

모든 권세는 하나님이 정하신 것이고, 하나님으로부터 위임된다. 우리는 성경 안에서 하나님으로부터 위임된 권세, 곧 백성에 대한 국가나 정부의 권세(롬 13:1-6), 아내에 대한 남편의 권세(고전 11:7-10), 사람에게 주어진 자연 만물을 다스리는 권세(창 1:26-28), 불신 세상에 대한 성도의 권세(단 12:7)를 찾아볼 수 있다. 모든 것이 합하여 하나님의 역사를 이루어 가고 있다. 심지어 악한 빌라도와 유대인들마저 하나님이 이용하고 계신다.

우리에게도 하나님이 권세를 위임해 주신 자리가 있다. 부모나 집안의 어른, 정치가, 직장 상사, 교수 또는 교사, 교회 안에서 장로와 집사 같은 직분자 등이 위임된 권세다. 하지만 이 모든 권세가 하나님으로부터 왔다는 사실을 잊고 권한을 남용할 때가 있다. 예를 들면 부모가 자녀에게 폭언 및 폭력을 행사하거나 학대하는 것, 직장 상사가 부하 직원에게 함부로 말하거나 무시하는 것, 자기 일을 떠맡기는 것, 근무 시간 외 업무를 강요하는 것, 교회에서 오래된 신자들이 예배 시간에 좋은 자리를 선점하려고 하는 것, 봉사와 헌신을 강요하는 것, 교회에 대한 부정적인 말을 전달하는 것 등이 있다. 권한과 특권에는 책임과 의무가 동반된다는 것을 기억해야 한다. 각자의 삶에서 잘못 사용하고 있는 권한 또는 특권은 무엇인지 이야기해 본다.

VII. 마무리

기도로 마무리한다.
제10주 관찰문제를 예습해 오게 한다.
실천과제를 제시한다.

 **생활의 아로마**(실천)

예 1) 책임은 지지 않고 권한만 남용하고 있는 모습은 없는지 점검하고 바로잡는다.

2) 공동체 내에서 사람들의 의견에 휩쓸려 억울한 일 당하는 사람이 없도록 세심하게 살핀다.

제10주 구속사의 절정

학습목표

예수님의 삶과 사역과 죽음이 모두 하나님의 말씀을 이루시기 위한 것이었음을 알고, 우리를 통해 하나님의 뜻이 이루어지도록 말씀에 순종하는 삶을 살아간다.

KEYWORD **십자가, 예언의 성취, 영광**

I. 찬양과 기도

II. 지난주 실천과제 나눔

III. 복습문제 풀이

 **복습**

1 예수님에 대한 대제사장들의 반응과 빌라도의 증언은 무엇이며, 유대인들이 고발한 예수님의 죄는 무엇인가?(19:6-7)

a) 대제사장들의 반응(6절): 예수님을 십자가에 못 박으라고 소리침

b) 빌라도의 증언(6절): "나는 그[예수]에게서 죄를 찾지 못하였노라"라고 증언함

c) 유대인들이 고발한 예수님의 죄(7절): 예수님이 자신을 하나님의 아들이라고 한 죄

19:17 그들이 예수를 맡으매 예수께서 자기의 십자가를 지시고 해골 (히브리 말로 골고다) 이라 하는 곳에 나가시니 18 그들이 거기서 예수를 십자가에 못 박을새 다른 두 사람도 그와 함께 좌우편에 못 박으니 예수는 가운데 있더라 19 빌라도가 패를 써서 십자가 위에 붙이니 나사렛 예수 유대인의 왕이라 기록되었더라 20 예수께서 못 박히신 곳이 성에서 가까운 고로 많은 유대인이 이 패를 읽는데 히브리와 로마와 헬라 말로 기록되었더라 21 유대인의 대제사장들이 빌라도에게 이르되 유대인의 왕이라 쓰지 말고 자칭 유대인의 왕이라 쓰라 하니 22 빌라도가 대답하되 내가 쓸 것을 썼다 하니라 23 군인들이 예수를 십자가에 못 박고 그의 옷을 취하여 네 깃에 나눠 각각 한 깃씩 얻고 속옷도 취하니 이 속옷은 호지 아니하고 위에서부터 통으로 짠 것이라 24 군인들이 서로 말하되 이것을 찢지 말고 누가 얻나 제비 뽑자 하니 이는 성경에

> 그들이 내 옷을 나누고
>
> 내 옷을 제비 뽑나이다

한 것을 응하게 하려 함이러라 군인들은 이런 일을 하고 25 예수의 십자가 곁에는 그 어머니와 이모와 글로바의 아내 마리아와 막달라 마리아가 섰는지라 26 예수께서 자기의 어머니와 사랑하시는 제자가 곁에 서 있는 것을 보시고 자기 어머니께 말씀하시되 여자여 보소서 아들이니이다 하시고 27 또 그 제자에게 이르시되 보라 네 어머니라 하신대 그 때부터 그 제자가 자기 집에 모시니라 28 그 후에 예수께서 모든 일이 이미 이루어진 줄 아시고 성경을 응하게 하려 하사 이르시되

> 내가 목마르다

하시니 29 거기 신 포도주가 가득히 담긴 그릇이 있는지라 사람들이 신 포도주를 적신 해면을 우슬초에 매어 예수의 입에 대니 30 예수께서 신 포도주를 받으신 후에 이르시되 다 이루었다 하시고 머리를 숙이니 영혼이 떠나가시니라

 말씀 돋보기(관찰)

1 예수님은 어떤 방식으로 처형되셨으며, 형이 집행된 장소는 어디인가? 예수님과 함께 처형된 사람은 누구인가?(19:17-18, Tip)
a) 처형 방식(18절): 십자가에 못 박아 매닮
b) 집행 장소(17절): 해골(히브리 말로 '골고다')
c) 함께 처형된 사람(Tip): 강도 두 사람(바라바의 부하들)

Tip 군인들이 예수님을 형장으로 끌고 갔다. 예수님은 자신이 매달릴 십자가의 수평 기둥을 지고 예루살렘성 밖에 있는 처형 장소로 가셨다. 형이 집행된 장소는 히브리어(아람어)로 '골고다', 곧 '해골의 장소'라고 불리는 곳이었다. 오늘날 예루살렘의 한 중앙에 있는 성묘교회로 알려진 곳이 골고다였을 것으로 추정한다. 지금 이 교회의 지하실로 내려가면 예수님이 묻히셨던 것으로 보이는 좁은 굴을 볼 수 있다.

범죄자를 처형하는 십자가에는 'X' 모양, 'T' 모양, '✝' 모양 등 세 가지 종류가 있었다. 예수님의 경우 '나사렛 예수 유대인의 왕'이라는 죄패가 머리 위에 붙여졌다고 하는 것으로 보아 세 번째인 '✝' 모양 십자가에 달리셨다. 이 모양의 십자가로 처형할 때 수직 기둥은 형을 집행할 장소에 미리 준비해 두었는데, 죄인의 발이 땅에 닿지 않도록 높이가 2m 정도 되었다. 한편 수평 기둥은 죄인이 등에 지고 형장으로 갔다. 이 기둥은 무게가 14-18kg에 달했으며, 형장에 도착하면 수직 기둥에 조립되어 십자가를 이루었다. 로마 군인들은 예수님의 양팔을 수평 기둥에 못 박고 발목을 겹친 후 15-20㎝ 길이의 못 하나로 두 발목을 관통하게 박은 후 전체를 들어 올렸다. 십자가에 매달린 사람은 보통 2-3일에 걸쳐 매우 고통스럽게 죽어 갔다. 십자가형은 참으로 잔인한 처형 방식이었다.

예수님과 함께 처형된 사람은 강도 둘이다. 아마도 예수님 대신 풀려난 바라바의 부하들이었을 것이다(마 27:38). 예수님은 바라바가 매달려야 할 자리에 매달리신 것이다. 예수님의 양옆은 한때 야고보와 요한이 탐을 내던 자리다. 그러나 예수님이 십자가에 매달리시는 순간 주님의 양 옆은 탐할 만한 영광의 자리가 아니다.

2 빌라도가 죄패에 적은 내용은 무엇이며, 이를 본 대제사장들은 빌라도에게 무엇을 요구했는가?(19:19-21)
a) 죄패에 적은 내용(19절): '나사렛 예수 유대인의 왕'
b) 대제사장들의 요구(21절): '자칭 유대인의 왕'이라 적어 달라고 요구함

빌라도가 패에 '나사렛 예수 유대인의 왕'이라고 써서 십자가 위에 붙였다. 다윗왕의 후손으로 오신 예수님은 다윗의 고향 베들레헴에서 태어나셨다. 그러나 헤롯의 핍박을 피해 이집트로 갔다가 돌아온 후에는 나사렛에서 자라셨다. 나사렛은 나다나엘이 친구 빌립에게 나사렛에서 메시아가 나셨다는 말을 듣고 나사렛은 참으로 작고 보잘것없는 마을이라 그곳에서 메시아가 나올 리 없다며 "나사렛에서 무슨 선한 것이 날 수 있느냐?"라고 말했던 곳이다. 그러나 작은 마을 나사렛에서 메시아가 나신 일은 "그는 주 앞에서 자라나기를 연한 순 같고 마른 땅에서 나온 뿌리 같아서 고운 모양도 없고 풍채도 없은즉 우리가 보기에 흠모할 만한 아름다운 것이 없도다"라는 이사야 53:2 말씀을 실감 나게 한다.

'유대인의 왕'은 유대교 지도자들이 예수님을 고발할 때 갖다 붙인 죄목이다. 예수님이 로마와 가이사를 위협하는 죄를 지었다는 것이다. 빌라도는 예수님에게 죄가 없으며 유대인들이 꾸민 음모의 희생양이라는 것을 알아차리고 놓아주려고 했다. 그러나 로마에 사절단을 보내 빌라도가 반역자를 놓아주어 가이사에게 적대적인 판결을 했다고 고발하겠다는 유대인들의 협박에 못 이겨 예수님을 사형에 처하도록 판결했다. 이에 빌라도는 예수님의 죄목을 '유대인의 왕'이라고 적음으로써 유대인들에 대한 자신의 불편한 심기를 표현하는 동시에 예수님뿐 아니라 그를 고발한 유대인들을 함께 조롱하고 있다.

유대인의 대제사장들은 빌라도가 죄패에 적은 내용을 보고 반발했다. '유대인의 왕'이라 쓰지 말고 '자칭 유대인의 왕'이라고 쓰라는 것이다. 그들은 자신들이 예수님을 고발해 이렇게 되었다는 사실을 회피하고 싶

다. 만일 빌라도가 이 요구를 들어주면 유대인들은 예수님의 죽음에 대한 어떠한 책임도 없다며 손을 씻을 것이다. 그러면 모든 것이 예수님의 자업자득이 된다. 게다가 빌라도가 '자칭'이라는 말을 더하면 거짓말이 된다. 예수님은 스스로 유대인의 왕이라고 하지 않으셨기 때문이다.

3 군인들은 예수님의 옷을 어떻게 했으며, 이는 무엇이 성취되었음을 의미하는가?(19:23−24)

    a) 군인들의 행동(23−24절): 예수님의 옷을 네 조각으로 나누어 각각 한 조각씩 가지고, 속옷은 제비 뽑아 한 사람이 통으로 가짐

    b) 성취(24절): 구약의 예언(시편 22:17−18)이 성취되었음을 의미함

군인들은 예수님을 십자가에 못 박은 후 옷을 벗겨 자기들끼리 나눠 가졌다. 옷을 네 조각으로 나눠 각각 한 조각씩 가졌다는 것은 군인 네 명이 예수님을 끌고 골고다로 왔다는 것을 의미한다. 당시 유대인의 겉옷은 벨트와 샌들과 머리 덮개(터번)를 포함한다. 그러므로 군인들이 네 조각으로 나눴다는 것은 각자 한 가지씩 가졌다는 뜻으로 해석할 수도 있다. '속옷'은 겉옷 안에 입는 몸에 직접 닿는 옷으로 위에서부터 통으로 짠 것이다.

로마 군인들이 예수님의 옷을 나눠 가지는 것은 본의 아니게 메시아에 대한 구약의 예언이 성취되고 있음을 의미한다. "그들이 내 옷을 나누고 내 옷을 제비 뽑나이다"라는 말씀은 시편 22:17−18의 일부다. 시편 22편은 왕족시이며 탄식시로 다윗이 그의 후손으로 오실 메시아에 대해 예언적으로 부른 노래다. 예수님이 못 박히신 십자가 아래에서 예수님의 물건을 약탈해 나눠 가지는 군인들마저도 하나님의 계획과 통제를 벗어나지 못한다.

4 예수님의 십자가 곁에서 슬퍼한 여인들은 누구인가? 예수님은 자기 어머니를 누구에게 소개했으며, 그는 예수님의 어머니를 어떻게 섬겼는가?(19:25−27)

    a) 슬퍼한 여인들(25절): 예수님의 어머니와 이모, 글로바의 아내 마리아, 막달

라 마리아

b) 예수님이 어머니를 소개한 자(26절): 사랑하시는 제자(요한)

c) 제자의 섬김(27절): 그때부터 예수님의 어머니를 자기 집에 모심

예수님의 십자가 곁에서 슬퍼한 사람은 여인 네 명이다. 가장 먼저 언급되는 이는 예수님의 어머니 '마리아'다. 두 번째 여인은 예수님의 이모이자 세베대의 아들인 야고보와 요한 형제의 어머니 '살로메'다. 세 번째 여인은 글로바의 아내 '마리아'다. 글로바는 예수님의 아버지 요셉의 형제였다. 예수님의 동생 야고보의 뒤를 이어 예루살렘 교회의 우두머리가 된 사람이 글로바의 아들 시몬이었다. 마가는 그녀를 '작은 야고보와 요세의 어머니'라고 한다(막 15:40). 네 번째 여인은 막달라 마리아다. 누가는 예수님이 그녀에게서 일곱 귀신을 내쫓으셨다고 한다. 이후 막달라 마리아는 일편단심으로 예수님과 제자들을 따르며 섬기는 삶을 살았다. 초대교회에 가장 잘 알려진 여성 제자라 할 수 있으며, 사도들에게 사도 역할을 했다. 요한복음에서 처음 모습을 보이지만 잠시 후 부활 이야기에서 중요한 역할을 한다.

예수님은 어머니와 사랑하시는 제자가 곁에 서 있는 것을 보시고 어머니에게 "여자여 보소서 아들이니이다"라고 말씀하셨다. '여자여'라는 단어는 오늘날 영어로 '마담' 정도 되며, 우리말로는 '부인'에 가까운 존칭의 의미를 담고 있다. 이는 결코 무례한 표현이 아니며, 공손하면서도 어느 정도의 거리감을 유지하는 호칭으로 보인다.

'사랑하시는 제자'는 저자 요한이 거의 확실하다. 예수님이 어머니를 사랑하는 제자에게, 또한 제자를 어머니에게 소개하며 "보라 네 어머니라"라고 말씀하셨다. 이에 예수님의 말씀을 들은 '사랑하시는 제자'는 자기 집으로 어머니 마리아를 모셨다. 예수님은 왜 친형제들에게 어머니를 부탁하지 않고 사랑하는 제자에게 부탁하셨을까? 아마도 형제들은 아직 예수님을 믿지 않기 때문에 그 자리에 없었을 것이다.

5 예수님이 성경을 응하게 하려고 하신 말씀과 숨을 거두시기 직전에 하신 말씀은 무엇인가?(19:28−30)

a) 성경을 응하게 하려고 하신 말씀(28절): "내가 목마르다"
b) 숨을 거두시기 직전에 하신 말씀(30절): "다 이루었다"

이 섹션의 핵심 주제는 구약 말씀의 성취(실현)다. 28-30절에는 '이루다', '응하다' 등 말씀이 성취되었음을 알리는 동사가 세 차례나 사용된다. 예수님은 자신의 죽음을 통해 이 땅에서 이루고자 하신 모든 일, 곧 아버지께서 맡기신 일을 하나도 남김없이 모두 이루었다는 사실을 아셨다. 또한 성경을 응하게 하려고 "내가 목마르다"라고 하셨다. 대부분 학자는 예수님이 한 번 더 구약 말씀을 이루기 위해 이렇게 말씀하신 것으로 해석한다.

또한 예수님은 30절에서 한 번 더 "다 이루었다"라고 하신다. 이러한 선언은 희생된 이의 절망적인 외침이 아니다. 승리했다는 선언이다. 십자가에 매달려 희생되신 예수님이 승리하셨다. "머리를 숙이니 영혼이 떠나가시니라"의 주어는 예수님이다. 이 문장을 직역하면 '영을 넘겨주셨다'이다. 예수님은 숨을 거두시는 순간까지 모든 것을 스스로 주관하셨다. 상황에 끌려가신 것이 아니라 상황을 주도하신 것이다. 고개를 숙인 것은 하나님께 모든 것을 맡기셨음을 의미한다.

VI. 적용과 나눔

 ## 삶의 내비게이션(적용)

1 예수님의 십자가 곁을 지킨 사람은 요한과 네 명의 여인이었다. 누군가 어려움을 당했을 때 당신이 끝까지 곁을 지켜 주었던 경험을 이야기해 본다.

관찰문제 4번 참고. 예수님과 함께했던 제자들이 도망가는 바람에 주님은 홀로 죽음을 맞이하다시피 하셨다. 그나마 네 여인(예수님의 어머니와 이모, 글로바의 아내 마리아, 막달라 마리아)과 예수님이 사랑하시는 제자 요한이 비통한 마음으로 주님 곁을 지켰다. 그들은 십자가 곁에서 예수님의 고난과 죽음을 슬퍼하고 애도했다.

우리는 제자도가 무엇인지 생각해 보아야 한다. 제자도가 지식을 전달하고 가르치는 일로 끝나서는 안 된다. 제자도는 예수님과 평생 함께하며 무슨 일이 있어도 주님을 배신하지 않을 각오로 사는 것이다. 예수님은 제자가 되기 위해서는 무엇보다 서로 사랑해야 한다고 가르치셨다. 서로 사랑하는 일이 결코 쉽지 않은 것은 자신을 희생하고 심지어 목숨까지도 포기할 수 있어야 하기 때문이다. 이것이 우리를 향한 주님의 사랑이고, 주님이 몸소 실천하신 사랑이다. 주님이 우리를 구원하시고 지금도 우리 곁을 지켜 주시는 것처럼 우리 또한 주님이 불쌍히 여기시는 가난하고 소외되고 어려움을 겪는 이웃들의 곁을 지켜 주며 사랑을 실천해야 한다. 말로만 위로할 것이 아니라 시간을 내서 함께 있어 주고, 돈과 생필품을 채워 주고, 고아와 편부모 가정의 아이들에게 부모 역할을 해 주고, 다양한 나눔 활동 및 기부에 적극 동참하고, 육체적으로나 심리적으로 아픈 사람들을 위해 끝까지 기도하며 지속적으로 심방하는 등 구체적인 섬김을 실천해야 한다. 각자 누군가의 어려움을 그냥 지나치지 않고 끝까지 도와주고 곁을 지켜 주었던 경험을 이야기해 본다.

2 예수님은 자신의 십자가 죽음이 구약의 예언을 모두 이루신 일임을 강조하신다. 모두 다 하나님의 계획대로 실현되었다. 당신이 현재나 미래 일에 대해 불안해하는 부분은 무엇인가?

관찰문제 3, 5번 참고. 예수님의 죽음이 구약 말씀을 온전히 성취했다. 장차 오실 메시아에 대해 구약이 예언한 바를 예수님이 모두 이루신 것이다. 예수님은 창조주 하나님의 계획에 따라 이 땅에 오셨고, 그분의 삶과 죽음에 대해 구약 저자들이 여러 차례 예언했다. 예수님은 죽음을 통해 말씀을 온전히 성취함으로써 하나님 말씀의 신실함을 온 천하에 드러내셨다. 우리가 믿고 고백하는 하나님의 모든 말씀은 반드시 성취되고 이루어질 것이다. 우리는 이러한 사실을 확신하며 살아야 한다.

하나님이 이루신 구속 역사에서 우연히 일어난 일은 하나도 없다. 모두 하나님이 계획하고 예언하신 대로 실현되었다. 우리는 이러한 하나님의 보호와 인도하심 속에서 살고 있다. 그러므로 현재나 미래에 대해 불안해할 필요가 없다. 우리는 하나님 계획의 일부이기 때문이다. 하지만 우리 인생에는 항상 크고 작은 문제와 어려움이 있으며, 이는 그리스도인도 예외가 아니다. 현재 삶에서 찾아오는 부부간의 불화, 자녀와의 갈등, 형제간의 다툼, 가족 간의 소통 부재, 경제적인 어려움, 통장 잔액 부족, 사업 실패와 실직, 건강 악화, 불확실한 미래, 노화, 죽음 등으로 인한 불안과 두려움이 늘 존재한다. 이때 어떤 사람은 하나님의 계획과 섭리를 믿고 더 사명감 있게 살아가는가 하면, 어떤 사람은 체념하고 포기하기도 한다. 하나님은 반드시 당신의 뜻을 이루시지만, 삶의 순간마다 옳은 선택을 하는 것은 우리 각자의 몫이다. 하나님이 보호와 인도하심 가운데 우리 인생을 끝까지 안전하게 지키신다는 믿음으로 살아야 한다. 각자의 삶에서 반복되고 있는 불안이나 현재 시달리고 있는 두려움의 문제는 무엇인지 이야기해 본다.

3 예수님이 십자가에 죽으실 때 양옆에 강도 두 사람이 함께 매달렸다. 한때 야고보와 요한은 예수님의 양옆을 탐냈다. 당신이 직장이나 교회에서 현재 맡은 자리는 무엇이고, 앞으로 서고 싶은 자리는 무엇인가?
관찰문제 1번 참고. 예수님과 함께 처형된 두 사람은 바라바의 부하다. 중앙에 예수님이 달리셨고, 예수님 좌우편에서 강도 두 사람이 함께 십자가 죽음을 맞이했다. 원래 중앙은 가장 영광스러운 자리다. 그러나 이 상황에서는 가장 수치스럽고, 사람들의 눈에 가장 잘 띄는 자리다. 사람들은 십자가에 매달리신 예수님을 모욕했다. 야고보와 요한은 '영광의 자리'를 탐냈지만, 이 순간 예수님의 옆자리는 십자가를 지는 자리, 힘들고 고생하는 자리다. 주님의 십자가는 고난을 지나 영광의 자리가 있음을 보여 준다. 우리도 야고보와 요한처럼 더 높은 자리에 앉고 싶어 할 때가 있다. 더 심하게는 주님께 영광이 되려면 더 잘되고 성공해야 한다고 말하면서 남을 속이고, 빼앗고, 눈물 나게 하는 일을 서슴지 않고 행하는 사람들도 있다. 주님의 영광으로 포장했지만 그들의 내면은 자신의 욕망과 야망으로 가득할 뿐이다. 우리가 꿈꾸고 소망하는 자리가 진정으로 주님을 위한 것인지 혹은 욕망에서 비롯된 것인지 먼저 자신의 내면을 살펴야 한다.
우리는 저마다 맡은 자리와 책임이 있다. 자리의 높고 낮음이 아니라 자신에게 맡겨진 고유한 역할과 책임에 집중해야 한다. 교회 안에서 장로와 집사와 권사 등의 직분을 받았다면 각자의 자리에서 은사에 따라 맡겨진 역할을 잘 감당하고, 더 낮은 자리로 내려가 헌신함으로써 공동체에 유익을 끼쳐야 한다. 또한 그리스도인에게 직업은 하나님이 주신 소명이다. 그러므로 모든 직업은 귀하고, 우리는 직업을 통해 하나님의 뜻을 이루는 일에 참여하게 된다. 어떤 사람은 하나님의 말씀을 가르치고 전하는 목회자로, 어떤 사람은 나라와 국민을 다스리는 정치가로, 어떤 사람은 약하고 소외된 이들을 섬기는 사회복지사로, 어떤 사람은 다음 세대 교육을 담당하는 교육자로 각자의 일터에서 하나님의 뜻이 이루어지도록 최선을 다해야 한다. 그뿐 아니라 모든 직업이 하나님 앞에서 귀중함을 인정하고, 하나님의 뜻을 따라 직업을 찾아가는 자세가 필요하다. 이것이 그리스도인이 추구해야 할 직업적 소명이다. 각자 직장이나 교회에서 맡은 자리와 역할은 무엇이고, 앞으로 서고 싶은 자리와 그 이유는 무엇인지 이야기해 본다.

Ⅶ. 마무리

기도로 마무리한다.
제11주 관찰문제를 예습해 오게 한다.
실천과제를 제시한다.

 **생활의 아로마**(실천)

예 1) 어려울 때 도움을 주었던 이들에게 전화, 식사 대접, 마음을 담은 선물 등으로 감사를 표현한다.
   2) 맡은 직분과 직업 속에서 이득만 얻으려고 하는지, 기꺼이 고난도 감당하고 있는지 점검한다.

제11주 부활: 절망에서 소망으로!

학습목표

부활하신 예수님을 만난 자로서 부활의 소망을 가지고 항상 기뻐하며 살기를 힘쓴다.

KEYWORD 부활, 소망, 증언

I. 찬양과 기도

II. 지난주 실천과제 나눔

III. 복습문제 풀이

 **복습**

1 예수님이 성경을 응하게 하려고 하신 말씀과 숨을 거두시기 직전에 하신 말씀은 무엇인가?(19:28-30)

a) 성경을 응하게 하려고 하신 말씀(28절): "내가 목마르다"

b) 숨을 거두시기 직전에 하신 말씀(30절): "다 이루었다"

20:1 안식 후 첫날 일찍이 아직 어두울 때에 막달라 마리아가 무덤에 와서 돌이 무덤에서 옮겨진 것을 보고 2 시몬 베드로와 예수께서 사랑하시던 그 다른 제자에게 달려가서 말하되 사람들이 주님을 무덤에서 가져다가 어디 두었는지 우리가 알지 못하겠다 하니 3 베드로와 그 다른 제자가 나가서 무덤으로 갈새 4 둘이 같이 달음질하더니 그 다른 제자가 베드로보다 더 빨리 달려가서 먼저 무덤에 이르러 5 구부려 세마포 놓인 것을 보았으나 들어가지는 아니하였더니 6 시몬 베드로는 따라와서 무덤에 들어가 보니 세마포가 놓였고 7 또 머리를 쌌던 수건은 세마포와 함께 놓이지 않고 딴 곳에 쌌던 대로 놓여 있더라 8 그 때에야 무덤에 먼저 갔던 그 다른 제자도 들어가 보고 믿더라 9 (그들은 성경에 그가 죽은 자 가운데서 다시 살아나야 하리라 하신 말씀을 아직 알지 못하더라) 10 이에 두 제자가 자기들의 집으로 돌아가니라 11 마리아는 무덤 밖에 서서 울고 있더니 울면서 구부려 무덤 안을 들여다보니 12 흰 옷 입은 두 천사가 예수의 시체 뉘었던 곳에 하나는 머리 편에, 하나는 발 편에 앉았더라 13 천사들이 이르되 여자여 어찌하여 우느냐 이르되 사람들이 내 주님을 옮겨다가 어디 두었는지 내가 알지 못함이니이다 14 이 말을 하고 뒤로 돌이켜 예수께서 서 계신 것을 보았으나 예수이신 줄은 알지 못하더라 15 예수께서 이르시되 여자여 어찌하여 울며 누구를 찾느냐 하시니 마리아는 그가 동산지기인 줄 알고 이르되 주여 당신이 옮겼거든 어디 두었는지 내게 이르소서 그리하면 내가 가져가리이다 16 예수께서 마리아야 하시거늘 마리아가 돌이켜 히브리 말로 랍오니 하니 (이는 선생님이라는 말이라) 17 예수께서 이르시되 나를 붙들지 말라 내가 아직 아버지께로 올라가지 아니하였노라 너는 내 형제들에게 가서 이르되 내가 내 아버지 곧 너희 아버지, 내 하나님 곧 너희 하나님께로 올라간다 하라 하시니 18 막달라 마리아가 가서 제자들에게 내가 주를 보았다 하고 또 주께서 자기에게 이렇게 말씀하셨다 이르니라

 말씀 돋보기(관찰)

1 예수님의 무덤을 찾아온 여인들은 누구이며, 그들이 제자들에게 전한 소식은 무엇인가?(20:1-2, Tip)

a) 무덤을 찾아온 여인들(1절, Tip): 막달라 마리아, 야고보의 어머니 마리아, 살로메

b) 제자들에게 전한 소식(2절): 무덤에 예수님의 시신이 없다는 소식

> **Tip** 안식 후 첫날인 일요일이 되었다. 막달라 마리아가 아직 어두운 새벽에 예수님의 무덤을 찾았다. 그녀는 예수님이 십자가에서 숨을 거두실 때도 옆에 있었다. 막달라 마리아는 예수님의 죽음과 부활을 직접 목격한 산 증인이다. 본문은 막달라 마리아가 혼자 무덤에 간 것처럼 말하지만, 그녀가 자신이 목격한 것을 제자들에게 전할 때 '우리'를 언급한 것으로 보아 다른 여인들도 함께 갔다. 마태는 그녀가 야고보의 어머니 마리아와 함께 갔다고 하며(마 28:1), 마가는 살로메도 함께 갔다고 전한다(막 16:1). 여인들은 돌이 무덤에서 옮겨진 것을 보고 시몬 베드로와 예수님이 사랑하시던 제자에게 가서 열려 있는 무덤에 관해 말했다. 여인들은 무덤 안을 들여다보고 예수님의 시신이 없다는 사실을 확인한 후 제자들에게 알렸다. 여인들은 '사람들'이 예수님을 무덤에서 가져갔다고 하는데, 유대인들을 의심하는 것이다. 유대인들은 예수님의 재판이 진행되는 내내 불평했고, 예수님의 다리를 부러뜨려 빨리 죽게 할 것을 요구했다. 아리마대 요셉과 주님의 제자들도 그들을 두려워했다.

2 여인들의 말을 듣고 무덤으로 달려간 제자들은 누구인가? 그들은 무덤 안에서 무엇을 보았으며, 이는 어떤 사실의 증거가 되는가?(20:3, 6-7, Tip)

a) 무덤으로 달려간 제자들(3절): 베드로와 다른 제자(요한)

b) 무덤 안에서 본 것(6-7절): 세마포와 머리를 쌌던 수건

c) 증거(Tip): 예수님이 죽음을 이기고 부활하셨다는 증거

여인들의 말을 들은 베드로와 요한이 곧바로 무덤으로 달려갔다. 요한이 먼저 무덤에 도착했지만 무덤 안으로 들어가지는 않고 베드로가 도착하기를 기다렸다. 수제자인 베드로가 먼저 들어가 확인하도록 배려한 것으로 보인다. 이윽고 무덤에 도착한 베드로가 주저하지 않고 무덤 안으로 들어갔다. 이 모습은 두 사람의 성품이 반영된 것으로 보인다. 베드로는 깊이 생각하지 않고 행동하는 사람이지만 반면에 요한은 모든 일에 신중한 사람이다.

둘은 무덤 안에 세마포가 놓인 것을 보았다. 또한 머리를 쌌던 수건도 보았는데, 세마포와 함께 놓여 있지 않고 다른 곳에 쌌던 대로 놓여 있었다. '머리를 쌌던 수건'은 시신을 덮어 두었던 수의의 일부다. 쌌던 대로 놓여 있었다는 것은 시신의 머리를 덮기 전과 같이 정돈된 모습으로 놓여 있었다는 뜻이다. 부활하신 주님이 수건을 가지런히 접어 한쪽에 두고, 몸을 감싸고 있던 세마포를 풀어 이것도 가지런히 접어 시신이 안치되었던 곳에 놓아두신 것이다. 이는 예수님이 죽음을 이기고 부활하셨다는 증거다.

3 여인들은 무덤 안에서 누구를 보았으며, 그들은 각각 어디에 앉아 있었는가?(20:11-12)

a) 무덤 안에서 본 자(12절): 흰옷을 입은 두 천사

b) 그들이 앉아 있던 곳(12절): 하나는 예수님의 시체가 뉘었던 곳 머리 편에 하나는 발 편에 앉아 있었음

여인들이 무덤 안을 들여다보니 예수님의 시신이 뉘었던 곳에 흰옷 입은 두 천사가 하나는 예수님의 머리가 놓였던 곳에, 다른 하나는 발이 놓였던 곳에 앉아 있었다. 천사들이 예수님의 시신이 뉘었던 곳에 앉아 있다는 것은 도둑이 주님의 시신을 훔쳐 간 것이 아니라는 또 하나의 증거다. 하나님이 예수님의 시신에 무언가 특별한 일을 하셨다.

그런데 천사들은 어찌 예수님의 머리와 발이 있던 곳에 앉아 마치 주님

의 온몸을 떠받들고 있는 듯한 느낌을 주는가? 성전에서 가장 중요한 기구이며 유일하게 지성소에 놓여 있는 법궤의 뚜껑은 하나님이 앉아 계신 은혜의 보좌(시은좌, 속제소)다. 이 보좌는 두 천사가 양쪽에서 날개를 펼쳐 맞닿는 곳에 있으며, 사람의 눈에는 보이지 않는다. 매년 속죄일에 대제사장은 이 보이지 않는 하나님의 보좌 앞에 짐승의 피를 뿌려 지난 1년 동안 쌓인 하나님 백성의 죄를 사해 주시길 구했다. 천사들은 부활하신 예수님의 머리와 발이 있던 곳에 앉아 주님의 보좌를 떠받들고 있다. 이는 죄 사함이 더는 성전을 통해 이뤄지지 않고 부활하신 예수님을 통해 이뤄짐을 의미한다. 부활하신 예수님이 성전과 법궤를 대체하셨기 때문이다.

4 부활하신 예수님이 나타나셔서 마리아에게 금하신 것과 그 이유는 무엇인가?(20:17, Tip)

a) 금하신 것(17절): 예수님을 붙들지 말라고 하심

b) 이유(Tip): 더는 무덤에서 찾으려 했던 슬픈 일로 아파하지 말고, 부활하신 주님을 만났으니 이제부터는 기뻐하며 살아가도록 변화를 요구하신 것

마리아는 자기 앞에 서 계신 분이 예수님이라는 사실을 깨닫지 못했다. 그렇게 뵙기를 사모한 예수님이 나타나셨지만 정작 주님을 알아보지 못한다! 이런 일이 가능한 것은 씨앗과 그 씨앗에서 싹이 튼 줄기가 다르듯이 살아 있을 때 모습과 죽은 후 부활한 모습이 다르기 때문이다. 오늘날 우리가 지닌 몸은 장차 얻게 될 부활한 몸의 씨앗일 뿐 동일하지 않다. 그러므로 부활하신 예수님이 평소 주님의 모습을 알던 사람들의 눈을 뜨게 해 주셔야 알아볼 수 있다.

예수님은 부드럽고 따뜻한 목소리로 혼란스러워하는 마리아의 이름을 부르셨다. 마리아는 그때야 비로소 자기 앞에 서 계신 분이 예수님이라는 것을 깨달았다. 예수님은 마리아에게 "나를 붙들지 말라 내가 아직 아버지께로 올라가지 아니하였노라"라고 하시는데, 이 말씀은 해석하기 어려운 신약 말씀 중 하나다. 예수님은 잠시 후 도마에게 주님의 몸을 만지라고 하신다. 또한 마리아는 빈 무덤을 목격하고 천사들이 알려 준 예

수님의 부활의 소식을 듣고 제자들에게 알리러 가는 길에 예수님을 만나 주님의 발을 붙잡고 경배했다. 그러므로 예수님이 신체적인 접촉을 금하기 위해 하신 말씀은 아니다.

그렇다면 어떤 의도로 붙들지 말라고 하시는가? 예수님은 그동안 불의한 재판과 억울한 십자가와 찬란한 부활을 모두 겪으셨다. 이제 유일하게 남은 일은 오신 곳으로 다시 돌아가는 일, 곧 승천이다. 예수님은 죽음이 상징하는 과거에 집착하는 마리아가 새롭고 변화된 관점으로 살아가기를 원하신다. 더는 무덤에서 찾으려 했던 슬픈 일로 아파하지 말고, 부활하신 주님을 만났으니 이제부터는 기뻐하며 살아가도록 변화를 요구하시는 것이다. 그렇다면 마리아는 부활의 기쁨을 마음속에 간직하고서 계속 기뻐하며 살 수 있을까? 충분히 가능하다. 잠시 후 예수님이 마리아와 우리 모두에게 성령을 주실 것이기 때문이다. 그리스도인은 성령 안에서 항상 기뻐하며 살 수 있다.

5 예수님이 마리아에게 전하라고 하신 말씀은 무엇이며, 주님은 제자들을 어떻게 부르시는가?(20:17)

a) 말씀: "내 아버지 곧 너희 아버지, 내 하나님 곧 너희 하나님께로 올라간다" 라고 전하게 하심

b) 제자들을 부르시는 호칭: 형제들

예수님은 마리아에게 자기 형제들에게 가서 "내 아버지 곧 너희 아버지, 내 하나님 곧 너희 하나님께로 올라간다"라고 전하게 하셨다. '형제들'은 모든 남녀 제자를 칭하는 말이다. 이때까지 요한복음에서 '형제'는 혈육 관계에만 적용되었으며, 이곳에서 처음으로 제자들이 '형제'로 불린다. 제자들은 예수님처럼 하나님의 자녀가 되었다. 물론 예수님과 하나님의 관계와 동일하지는 않지만, 예전에는 하나님–백성 관계였다면 이제부터는 아버지–자녀 관계가 될 것이다. 예수님은 제자들을 고아처럼 버려두지 않겠다고 하신 약속을 지키셨다. 예수님의 죽음과 부활이 이루신 일이다.

예수님은 아버지께로 올라가 제자들이 머물 거처를 마련하고 다시 오실

것이다. 오실 때는 '또 다른 보혜사'로 오셔서 영원토록 그들과 함께하실 것이다. 오순절 때 마가의 다락방에 임하신 성령은 예수님이 보내신 선물이자 예수님 자신이다. 예수님은 자신을 우리와 영원히 함께하는 성령으로 주셨다.

막달라 마리아는 예수님이 명령하신 대로 제자들을 찾아가 예수님을 보았다고 알렸다. 예수님이 그녀에게 하신 말씀을 모두 전했다. 마리아는 예수님이 십자가에서 죽으실 때 곁에 있었고, 가장 먼저 빈 무덤을 보았으며, 제자 중 처음으로 부활하신 예수님을 만나 말씀을 나누었다. 그녀는 진정한 의미에서 사도들에게 사도가 되었다.

 삶의 내비게이션(적용)

1 성경은 예수님이 부활하셨다는 사실을 증언하고 진리를 선포한다. 당신이 예수님을 믿기 전에 가장 받아들이기 힘들었던 기독교 진리는 무엇인가?

관찰문제 2, 4번 참고. 예수님이 부활하셨다는 가장 확실한 증거는 잘 정돈된 빈 무덤이다. 만일 누군가가 예수님의 시신을 훔쳤다면 세마포와 머리를 쌌던 수건이 정돈된 상태로 그 자리에 놓여 있을 리 없다. 부활하신 예수님이 수의(세마포와 머리를 쌌던 수건)를 잘 정돈해 놓고 그 자리를 떠나신 것이다.

성경은 십자가에서 죽으신 예수님이 부활하셨다고 말한다. 죽은 사람이 부활하는 것은 이성과 논리를 지닌 인간이 이해하거나 받아들이기 어려운 기독교 진리다(고전 15:12-13). 또한 창조설(하나님이 세상을 창조하심), 예수님의 성육신(하나님이신 예수님이 사람의 육신을 입고 동정녀 마리아의 몸을 통해 세상에 오신 사건), 성령 잉태설(예수님이 성령으로 잉태하셔서 동정녀 마리아의 몸에서 나심), 삼위일체(하나님은 성부와 성자와 성령의 세 위격을 가지며[삼위], 각각 동일한 본질을 가지신 한 분 하나님이심[일체]), 예수님이 완전한 하나님이시고 완전한 사람이라는 진리, 그 외에 성경에 기록된 초월적인 기적 사건 등도

인간의 이성과 지식으로는 믿기 어렵다. 이러한 진리는 믿지 않는 사람에서 믿는 사람으로 가는 길에 놓인 매우 큰 걸림돌이라 할 수 있다. 기독교의 진리를 사실로 인정하고 고백하는 신앙은 하나님이 믿음을 선물로 주셔야만 가능한 일이다. 그러므로 우리가 성경에 기록된 진리를 믿고 하나님 나라를 소망하며 사는 것은 은혜이며 하나님께 감사할 제목이다. 각자 예수님을 믿기 전에 가장 받아들이기 힘들었던 기독교 진리는 무엇인지 이야기해 본다.

2 예수님은 제자들을 '내 형제'라고 부르시며 그들이 하나님과 아버지—자녀의 관계가 되었음을 말씀하신다. 당신이 하나님의 자녀라는 사실이 위로와 힘이 되는 때는 언제인가?

관찰문제 5번 참고. 제자들의 신분이 변화되었다. 하나님—백성 관계에서 아버지—자녀 관계가 되었다. 이는 우리의 공로로 된 것이 아니라 예수님이 십자가 죽음과 부활로 이루신 은혜다. 예수님은 부활하신 후 천국에 우리가 거할 곳을 마련하기 위해 하나님 아버지께 올라가셨다. 우리는 천국에서 영원히 하나님을 아버지라 부르며 살 소망이 있다. 그러니 이 세상에 지나치게 집착하거나 미련을 두면서 살지 말자. 하나님이 아름답게 창조하신 세상을 마음껏 누리며 성실하고 선하게 최선을 다해 살되, 다가오는 천국에서의 삶을 항상 마음에 품고 살자.

이제 우리는 자녀의 신분으로 하나님을 아빠 아버지라고 부를 수 있게 되었고, 친밀한 관계 속에서 아버지의 사랑을 받으며 살게 되었다. 혼자인 것만 같던 인생이 이제는 동행하시고 도우시고 인도하시는 하나님을 통해 위로와 소망을 갖게 된 일, 고난이 아버지께서 자녀들을 훈련시켜 새롭게 하시려는 회복의 기회라는 사실을 알고 인내하며 견딘 일, 죽음의 위기 앞에서도 천국과 영생에 대한 소망으로 두려움을 극복한 일 등이 자녀들의 삶에 넘쳐난다. 각자 하나님의 자녀로서 삶에서 누리는 실제적이고 영적인 체험을 이야기해 본다.

3 예수님은 부활의 주님을 만난 제자들이 이제부터 기뻐하며 살아가도록 변화를 요구하신다. 예수님의 부활을 믿기 때문에 당신의 삶에서 달라져야 할 태도(가치관)는 무엇인가?

관찰문제 4번 참고. 예수님의 부활은 곧 제자들의 부활을 증거한다. 잠시 후 예수님은 제자들에게 나타나 실패한 그들을 회복시키실 것이다. 또한 그들에게 부활의 소망도 주실 것이다. 예수님을 통해 하나님의 자녀가 된 사람들은 실패를 두려워할 필요가 없다. 하나님의 은혜가 다시 회복시켜 줄 것이기 때문이다. 또한 우리는 죽으면 부활한다. 부활하신 예수님이 이를 보장하신다.

부활 신앙은 우리 삶 전체를 바꾸는, 다시 말해 인생의 의미를 새롭게 만드는 아주 실제적인 신앙이다. 무엇보다 부활 신앙은 고통과 아픔과 슬픔이 지배하는 이 땅에서 세상이 줄 수 없는 참된 평안과 기쁨을 가져다준다. 참으로 안타까운 것은 부활을 믿는 그리스도인임에도 불구하고 건강 염려증, 노화에 대한 혐오, 죽음에 대한 공포 등을 호소하거나 정욕과 탐심에 이끌려 죄를 지으며 살아간다는 점이다. 우리는 늙지도 병들지도 노화되지도 썩지도 않을 부활의 몸, 신령한 몸을 입을 자들이다. 그러므로 삶 속에 찾아오는 불안, 염려, 두려움, 억울함, 습관적인 죄악을 버리고 자유와 평안과 기쁨의 삶을 추구해야 한다. 또한 물질만능주의, 외모지상주의, 성공주의 같은 세상적인 가치관에서 벗어나 하나님 중심, 예배 중심, 말씀 중심의 가치관을 갖도록 부활 신앙을 회복해야 한다. 각자 예수님을 믿기 때문에 달라져야 할 삶의 태도와 가치관은 무엇인지 이야기해 본다.

Ⅶ. 마무리

기도로 마무리한다.
제12주 관찰문제를 예습해 오게 한다.
실천과제를 제시한다.

🌸 생활의 아로마(실천)

예 1) 주님 안에서 형제 된 자들의 상황을 살피고 구체적으로 돌봄을 실천한다.
　　2) 부활 신앙을 가지고 삶의 어려운 시간을 소망으로 인내한다.

제12주 사랑의 리셋

학습목표

예수님에 대한 사랑이 말로만 나타나는 것이 아니라 주님의 양들을 돌보고 섬기는 삶으로 나타나도록 선한 목자 되신 예수님을 본받아 살아간다.

KEYWORD 회복, 사랑, 목양

I. 찬양과 기도

II. 지난주 실천과제 나눔

III. 복습문제 풀이

 **복습**

1 여인들의 말을 듣고 무덤으로 달려간 제자들은 누구인가? 그들은 무덤 안에서 무엇을 보았으며, 이는 어떤 사실의 증거가 되는가?(20:3, 6-7, Tip)

   a) 무덤으로 달려간 제자들(3절): 베드로와 다른 제자(요한)

   b) 무덤 안에서 본 것(6-7절): 세마포와 머리를 쌌던 수건

   c) 증거(Tip): 예수님이 죽음을 이기고 부활하셨다는 증거

^{21:1} 그 후에 예수께서 디베랴 호수에서 또 제자들에게 자기를 나타내셨으니 나타내신 일은 이러하니라 ² 시몬 베드로와 디두모라 하는 도마와 갈릴리 가나 사람 나다나엘과 세베대의 아들들과 또 다른 제자 둘이 함께 있더니 ³ 시몬 베드로가 나는 물고기 잡으러 가노라 하니 그들이 우리도 함께 가겠다 하고 나가서 배에 올랐으나 그 날 밤에 아무 것도 잡지 못하였더니 ⁴ 날이 새어갈 때에 예수께서 바닷가에 서셨으나 제자들이 예수이신 줄 알지 못하는지라 ⁵ 예수께서 이르시되 얘들아 너희에게 고기가 있느냐 대답하되 없나이다 ⁶ 이르시되 그물을 배 오른편에 던지라 그리하면 잡으리라 하시니 이에 던졌더니 물고기가 많아 그물을 들 수 없더라 ⁷ 예수께서 사랑하시는 그 제자가 베드로에게 이르되 주님이시라 하니 시몬 베드로가 벗고 있다가 주님이라 하는 말을 듣고 겉옷을 두른 후에 바다로 뛰어 내리더라 ⁸ 다른 제자들은 육지에서 거리가 불과 한 오십 칸쯤 되므로 작은 배를 타고 물고기 든 그물을 끌고 와서 ⁹ 육지에 올라보니 숯불이 있는데 그 위에 생선이 놓였고 떡도 있더라 ¹⁰ 예수께서 이르시되 지금 잡은 생선을 좀 가져오라 하시니 ¹¹ 시몬 베드로가 올라가서 그물을 육지에 끌어 올리니 가득히 찬 큰 물고기가 백쉰세 마리라 이같이 많으나 그물이 찢어지지 아니하였더라 ¹² 예수께서 이르시되 와서 조반을 먹으라 하시니 제자들이 주님이신 줄 아는 고로 당신이 누구냐 감히 묻는 자가 없더라 ¹³ 예수께서 가셔서 떡을 가져다가 그들에게 주시고 생선도 그와 같이 하시니라 ¹⁴ 이것은 예수께서 죽은 자 가운데서 살아나신 후에 세 번째로 제자들에게 나타나신 것이라 ¹⁵ 그들이 조반 먹은 후에 예수께서 시몬 베드로에게 이르시되 요한의 아들 시몬아 네가 이 사람들보다 나를 더 사랑하느냐 하시니 이르되 주님 그러하나이다 내가 주님을 사랑하는 줄 주님께서 아시나이다 이르시되 내 어린 양을 먹이라 하시고 ¹⁶ 또 두 번째 이르시되 요한의 아들 시몬아 네가 나를 사랑하느냐 하시니 이르되 주님 그러하나이다 내가 주님을 사랑하는 줄 주님께서 아시나이다 이르시되 내 양을 치라 하시고 ¹⁷ 세 번째 이르시되 요한의 아들 시몬아 네가 나를 사랑하느냐 하시니 주께서 세 번째 네가 나를 사랑하느냐 하시므로 베드로가 근심하여 이르되 주님 모든 것을 아시오매 내가 주님을 사랑하는 줄을 주님께서 아시나이다 예수께서 이르시되 내 양을 먹이라 ¹⁸ 내가 진실로 진실로 네게 이르노니 네가 젊어서는 스스로 띠 띠고 원하는 곳으로 다녔거니와 늙어서는 네 팔을 벌리리니 남이 네게 띠 띠우고 원하지 아니하는 곳으로 데려가리라 ¹⁹ 이 말씀을 하심은 베드로가 어

떠한 죽음으로 하나님께 영광을 돌릴 것을 가리키심이러라 이 말씀을 하시고 베드로에게 이르시되 나를 따르라 하시니 20 베드로가 돌이켜 예수께서 사랑하시는 그 제자가 따르는 것을 보니 그는 만찬석에서 예수의 품에 의지하여 주님 주님을 파는 자가 누구오니이까 묻던 자더라 21 이에 베드로가 그를 보고 예수께 여짜오되 주님 이 사람은 어떻게 되겠사옵나이까 22 예수께서 이르시되 내가 올 때까지 그를 머물게 하고자 할지라도 네게 무슨 상관이냐 너는 나를 따르라 하시더라 23 이 말씀이 형제들에게 나가서 그 제자는 죽지 아니하겠다 하였으나 예수의 말씀은 그가 죽지 않겠다 하신 것이 아니라 내가 올 때까지 그를 머물게 하고자 할지라도 네게 무슨 상관이냐 하신 것이러라 24 이 일들을 증언하고 이 일들을 기록한 제자가 이 사람이라 우리는 그의 증언이 참된 줄 아노라 25 예수께서 행하신 일이 이 외에도 많으니 만일 낱낱이 기록된다면 이 세상이라도 이 기록된 책을 두기에 부족할 줄 아노라

 말씀 돋보기(관찰)

1 밤새 고기를 한 마리도 잡지 못한 제자들에게 예수님이 하신 말씀은 무엇인가? 그때 어떤 기적이 일어났으며, 잡힌 물고기는 모두 몇 마리인가?(21:6, 11)

a) 예수님의 말씀(6절): "그물을 배 오른편에 던지라 그리하면 잡으리라"

b) 기적(6절): 그물을 들 수 없을 정도로 물고기가 많이 잡힘

c) 물고기 수(11절): 153마리

Tip 제자들이 밤새 그물을 내렸지만 물고기를 한 마리도 잡지 못하고 새벽을 맞이할 때 예수님이 오셔서 바닷가에 서 계셨다. 예수님은 그들에게 그물을 배 오른편에 던지라고 하시며, 그렇게 하면 고기를 잡을 것이라는 말씀을 덧붙이셨다. 제자들은 예수님의 조언에 따라 그물을 던졌고, 그물을 들 수 없을 정도로 많은 물고기를 잡았다. 이 이야기에서 물고기를 잡는 일은 이슈가 아니다. 이슈는 그들이 의식하든 의식하지 못하든

예수님이 그곳에 함께 계신다는 것이다. 앞으로 그들이 전도해 제자들을 세워 나갈 때도 마찬가지일 것이다. 그들은 항상 예수님이 함께하시는 제자들을 세워야 한다.

잡은 물고기가 너무 많아 배 안으로 올리지 못한 그물을 육지로 끌어올리니 그 안에 물고기가 153마리나 있었다. 요한은 '가득히 찬 큰 물고기', '백쉰세 마리', '이같이 많으나' 등 물고기의 양이 엄청나게 많았음을 세 차례나 강조한다. 잡힌 물고기의 수가 153마리라는 것에 대한 다양한 해석이 있지만, 실제 잡힌 물고기의 수로 보는 것이 가장 설득력이 있다. 여기에 그물 안에 여러 종류의 다양한 물고기가 있는 것처럼 교회에도 다양한 인종과 종족이 있어야 한다는 해석을 더하면 균형이 맞추어지는 듯하다.

이제부터 제자들은 물고기가 아닌 사람을 낚는 어부가 되어야 한다. 예수님이 제자들에게 사명으로 주신 '어업'은 과거에 그들이 하던 '어업'과 질적으로 다르다. 제자들은 잡은 물고기를 사람들의 식탁에 오르게 했지만, 예수님은 이제 그들이 사람들을 죄와 하나님의 진노에서 구하는 어업을 하길 원하신다. 제자들이 하던 물고기를 잡는 어업은 죽이는 것이었고, 예수님이 그들에게 맡기신 사람을 낚는 어업은 살리는 것이다.

2 예수님이 굶주린 제자들을 위해 준비하신 것은 무엇인가? 이 일은 부활하신 주님이 제자들에게 몇 번째로 나타나신 사건인가?(21:12–14)
a) 준비하신 것(12절): 조반으로 떡과 생선을 준비하심
b) 나타나신 차례(14절): 세 번째로 나타나심

밤새도록 일한 제자들의 허기를 달랠 준비가 모두 끝나자 예수님은 제자들을 불러 조반을 먹으라고 하셨다. 분명히 옛 모습을 어느 정도 지니셨지만 새로운 모습도 많이 지니셨기에 제자들은 예수님을 쉽게 알아보지 못했다. 막달라 마리아도 예수님을 곧바로 알아보지 못했고, 엠마오로 가던 제자들은 한참 동안 예수님을 알아보지 못했다. 그러나 식사하던 제자들은 본능적으로 예수님을 알아보았다. 예수님은 제자들에게 떡을 가져다주시고 생선도 가져다주셨다. 떡과 생선은 예수님이 준비하셨

지만, 자신을 위한 것이 아니라 제자들을 위한 것이다. 예수님의 사역이
사람들에게 기쁨을 주는 음식(포도주)을 주신 것으로 시작되어, 제자들
에게 음식(조찬)을 주시는 것으로 끝나고 있다. 우리도 예수님처럼 계속
베풀고 주어야 한다.

부활하신 예수님이 디베랴 호수에서 고기를 잡고 있는 제자들을 찾아오
신 일은 부활하신 후 세 번째로 제자들에게 나타나신 일이다. 맨 처음 빈
무덤 앞에 서 있던 막달라 마리아와 여인들에게 나타나셨고, 이후 예루
살렘의 한 집에 모여 있는 제자들에게 두 번째로 나타나셨다. 이때까지
세 번 모두 예수님이 먼저 제자들을 찾아와 자신을 보이셨다. 예수님이
스스로 자신을 보이시는(계시하시는) 일은 요한복음의 중요한 주제다. 예
수님은 자신을 제자들에게 보이시며 세상 끝 날까지 그들과 함께하실 것
을 약속하신다.

3 조반을 먹은 후 예수님이 베드로에게 세 번이나 물어보신 공통적인
질문은 무엇인가? 세 번째 질문하셨을 때 베드로는 어떻게 대답했는
가?(21:15-17)
a) 예수님의 질문: "네가 나를 사랑하느냐"
b) 베드로의 세 번째 대답: 근심하며 "내가 주님을 사랑하는 줄을 주님께서 아
　시나이다"라고 대답함

조반을 먹은 후 예수님은 베드로에게 "네가 나를 사랑하느냐?"라고 세
번이나 질문하신다. 첫 번째 질문에서 예수님은 베드로에게 "이 사람들
보다 나를 더 사랑하느냐?"라고 질문하셨다. '이 사람들보다 더'로 사용
되는 대명사는 복수이며, 영어 번역본은 모두 중성 복수로 간주해 '이것
들보다 더'로 번역한다. 한편 이 대명사를 중성 복수로 해석하면, 예수님
의 질문은 '네가 이것들(어업에 연관된 것들)보다 나를 더 사랑하느냐?'
이다. 그러므로 예수님은 베드로에게 어업(생업)을 포기하고 자기를 따
를 만큼 사랑하는지 물으신 것이다.

베드로는 예수님의 질문에 처음 두 번은 "주님 그러하나이다 내가 주님
을 사랑하는 줄 주님께서 아시나이다"라고 대답했다. 그러나 세 번째는

쉽게 '예'라고 대답하지 못하고 근심하며(슬퍼하며) 자신 없는 말투로 그렇다고 대답했다. 예전에는 제자 중에서 자기가 가장 주님을 사랑한다며 입버릇처럼 떠들어 대던 베드로다. 또한 예수님을 위해 자기 생명을 내놓겠다던 베드로다. 그러나 더는 마음에 내키는 대로 혹은 생각하는 대로 말하지 않고 자신에 대해 예수님이 자기보다 더 잘 아신다는 사실을 인정하며 고백한다. 베드로가 예수님을 세 차례 부인한 것이 그의 교만을 치료하는 약이 되었다.

'사랑하느냐'라는 예수님의 질문과 '사랑한다'라는 베드로의 대답은 사랑에 대한 서로 다른 동사를 사용한다. 예수님은 처음 두 차례는 '아가파오'(하나님의 무조건적인 사랑)를 사용하시다가 세 번째는 '필레오'(친구 간의 사랑, 우정)를 사용하시고, 베드로는 세 번 모두 '필레오'를 사용해 대답한다. 대부분 학자는 사랑에 대한 이 두 가지 동사가 비슷한 말로 사용되고 있으며, 저자 요한이 같은 단어를 여러 차례 반복하지 않으려는 차원에 두 가지 단어를 사용하고 있다고 말한다. 요한복음에서 이 두 단어가 비슷한 말로 사용되고 있다는 가장 결정적인 증거는 하나님 아버지의 아들 예수님에 대한 사랑이 '아가파오'(3:35)뿐 아니라 '필레오'(5:20)로도 묘사되고 있다는 점이다. 그런데 예수님이 처음 두 차례 '아가파오'를 사용해 질문하신 것과 달리 세 번째 질문에서 '필레오'를 사용하시는 것을 보면 어느 정도는 의미적 차이가 있는 듯하기도 하다. 이는 요한이 복음서를 쓸 때 예수님과 함께 죽겠다고 호언장담했다가 실패한 베드로의 심경을 반영해 '아가파오'보다는 '필레오'로 질문한 것으로 표기한 듯 보인다.

	예수님의 질문	베드로의 대답
15절	네가 나를 사랑하느냐(아가파오)?	사랑합니다(필레오)
16절	네가 나를 사랑하느냐(아가파오)?	사랑합니다(필레오)
17절	네가 나를 사랑하느냐(필레오)?	사랑합니다(필레오)

4 예수님을 부인하고 실의에 빠진 베드로에게 주님이 하신 명령(사명)은 무엇인가?(21:15-17)
명령(사명): 내 양을 먹이고 치라는 것

예수님은 자신을 세 번이나 부인하고 실패와 절망에 빠진 베드로에게 주님의 양을 먹이고 치라고 하신다. 이번에도 예수님은 양을 먹이라고 하시는 권면에 다른 단어들을 사용하신다.

	예수님의 명령
15절	내 어린 양을 먹이라
16절	내 양을 치라(인도와 보호)
17절	내 양을 먹이라

예수님은 베드로에게 주님에 대한 사랑을 양들을 먹이고 치는 일로 드러내 보이라고 하신다. 당시 큰 양 떼는 우두머리 목자 한 명과 부하 목자 여러 명이 함께 관리했다. 예수님이 베드로에게 자기 양 떼를 먹이고 보살피라고 하시는 것은 마치 우두머리 목자가 부하 목자에게 해야 할 일을 지시하는 것과 비슷하다. 이 양 떼의 목자는 예수님이며, 그분은 양들을 위해 목숨을 내놓으신 선한 목자다. 예수님은 주님을 사랑한다고 고백하는 베드로에게 목자가 해야 할 일을 하라고 권면하신다. 베드로는 예수님을 닮은 선한 목자가 되어야 한다.

5 베드로가 맞이할 죽음과 예수님의 권면은 무엇이며, 요한의 소명은 무엇인가?(21:18-19, 24)

a) 베드로의 죽음(18절): 늙어서는 그의 팔을 벌릴 것이며 남이 그에게 띠 띠우고 원하지 않은 곳으로 데려감(순교)

b) 예수님의 권면(19절): "나를 따르라"

c) 요한의 소명(24절): 예수님에 대해 증언하고 기록하는 것

예수님은 베드로가 어떤 죽음을 맞이할 것인지 말씀해 주신다. 젊어서는 스스로 띠 띠고 원하는 곳으로 다니지만, 늙어서는 그의 팔을 벌릴 것이며 남이 그에게 띠 띠우고 원하지 않는 곳으로 데려갈 것이라고 하신다. 젊어서는 마음대로 활동하고 자유롭게 살지만, 늙어서는 남들에 의해 제한받는 삶을 살 것이라는 뜻이다. '팔을 벌리리라'는 말씀은 베드로가 예

수님처럼 십자가에서 순교할 것이라는 뜻이다. 베드로는 네로 황제가 교회를 핍박하던 시대에 순교한 것으로 알려져 있다. 그는 자신은 감히 예수님처럼 바르게 매달릴 자격이 없다며 십자가에 거꾸로 매달려 죽음을 맞이했다고 한다. '남이 띠 띠우고 원하지 아니하는 곳으로 데려가리라'는 사람들이 베드로를 줄에 묶어서 끌고 갈 것에 대한 예언이다. 베드로에게 주님을 위해 죽을 기회가 주어질 것이다. 장차 베드로도 예수님처럼 죽음을 통해 하나님의 영광을 드러낼 것이다. 순교는 실패가 아니라 택하심을 받은 사람만이 주님을 위해 할 수 있는 최고로 영광스러운 일이다.

예수님은 베드로에게 그가 어떤 죽음을 맞이할 것인지 말씀하신 후 "나를 따르라"라고 권면하신다. 예수님이 그에게 주신 예비된 길을 가라는 뜻이다. 베드로는 죽음을 통해서도 예수님을 따라야 한다. '나를 따르라'는 예수님이 제자들을 세우실 때 하신 말씀이다. 예수님은 주님을 따르는 일에 실패와 좌절을 맛보고 실의에 빠진 베드로에게 제자의 삶을 다시 시작할 새로운 기회를 주셨다.

베드로는 예수님에게 요한은 어떻게 될 것인지 물었다. 이에 예수님은 자기가 올 때까지 요한을 머물게 하고자 할지라도 베드로와는 상관없는 일이라고 매우 단호하게 대답하셨다. 예수님이 재림하실 때까지 요한을 살아 있게 하더라도 순교할 베드로가 알 바 아니라는 것이다. 요한과 베드로의 삶과 소명은 서로 비교될 수 없기 때문이다. 남의 일에 마음과 시간을 쏟지 말고, 온전히 자기가 할 일을 하며 살라는 것이다. 예수님을 따르는 것은 베드로와 요한의 삶이 보여 주는 것처럼 다양하다. 요한은 예수님의 신실한 제자이며 권위 있는 증인으로서 예수님에 대해 증언하고 성령의 영감을 받아 복음서를 기록하는 소명을 통해 예수님을 따를 것이다. 우리에게 전수된 복음서는 배경이 다른 네 명의 저자가 각기 처한 고유한 상황에서 집필한 것이다. 그럼에도 불구하고 이 책들이 증언하는 복음은 하나다. 복음은 하나지만 전파하는 방법은 다양하다.

 삶의 내비게이션(적용)

1 제자들은 밤새 수고했지만 물고기를 한 마리도 잡지 못했다. 하지만 예수님이 함께하시자 그물을 들 수 없을 정도로 많은 물고기를 잡았다. 당신이 어려운 일을 당해 낙심했을 때 예수님이 함께하심으로 극복했던 경험을 이야기해 보자.

관찰문제 1번 참고. 예수님에게는 불가능한 것이 없지만, 제자들에게 실패를 허락하시기도 한다. 제자들은 밤새 수고했지만 물고기를 한 마리도 잡지 못했다. 예수님이 그들과 함께 계시지 않았기 때문이다. 앞으로 그들이 사람을 낚는 어부가 되어도 마찬가지일 것이다. 만일 예수님이 그들의 사역에 함께하시지 않으면 한 사람도 하나님께 인도하지 못할 것이다. 그들은 실패를 거듭하면서 사역은 자기 능력으로 하는 것이 아니라 예수님이 함께하심으로 한다는 사실을 깨달을 것이다. 이러한 사실을 깨달을 때까지 예수님은 사역자들에게 실패를 허락하신다.

그러나 겁낼 필요가 없다. 예수님이 언제나 우리와 함께하시기 때문이다. 우리가 예수님 안에 있기만 하면 어떤 실패와 고난이 와도 때가 되면 반드시 이기게 될 것이다. 중요한 것은 고난과 어려움 앞에서 누구를 의지하느냐에 승패가 달려 있다는 점이다. 안타깝게도 어떤 그리스도인들은 고난 앞에서 자기 힘과 방법을 의지하거나 사람을 찾아가지만 그들에게서 어떤 도움도 얻지 못하는 실수를 반복한다. 하지만 믿음의 사람들은 주님 앞에 나아가 그분의 도우심과 인도하심을 구하며 기다린다. 주님께 기도할 때 죽음의 위기 앞에서 병 고침을 받고, 원수처럼 지내던 관계가 회복되고, 방황하던 자녀가 돌아오고, 오랫동안 힘들어하던 과거의 상처가 치유되고, 믿기를 거부하던 가족들이 신앙을 갖게 되고, 새로운 소명과 사역의 자리로 나아가게 되고, 문제 상황은 그대로인데 마음과 위로와 평안이 회복되는 놀라운 은혜를 경험한다. 이처럼 고난 앞에서 믿음의 기도는 큰 힘을 발휘한다. 각자 어려운 일을 당해 낙심했을 때 예수님이 함께하심으로 극복했던 기적과 은혜의 이야기를 나누어 본다.

2 베드로는 순교로, 요한은 예수님에 대해 증언하고 기록하는 일로 끝까지 예수님을 따라야 한다. 당신이 꿈꾸고 있는 제자의 삶은 무엇이며, 이를 위해 현재 어떤 노력을 하고 있는가?

관찰문제 5번 참고. 때로는 하나님이 우리에게 큰 희생을 요구하실 수도 있다. 예수님은 베드로가 자기처럼 십자가에 매달려 순교하게 될 것이라고 하셨다. 예수님의 제자가 되면 때때로 복음을 위해 목숨을 내놓아야 할 수도 있다. 하나님이 우리의 순교를 통해 영광을 받고자 하실 수도 있기 때문이다. 그러므로 평소에 하나님이 요구하시는 작은 희생과 헌신에 불평하지 말고 오히려 감사하자. 이는 하나님이 헌신과 희생을 부탁하실 정도로 우리를 친밀하고 귀하게 여기신다는 증거이기 때문이다.

예수님의 제자로 살기 위해서는 자신의 모든 것을 포기할 수 있어야 하고, 심지어 목숨까지도 버릴 수 있어야 한다. 또한 자기 십자가를 지고 따라야 한다. 이런 맥락에서 초대교회에서는 '제자'라는 말과 '순교자'(martyr)를 동의어로 사용했다. 이는 '제자도'가 생명을 내어놓는 일임을 실감하게 하는 대목이다. 많은 그리스도인이 예수님의 제자로서 복음 전도자와 직장인 선교사, 사랑과 나눔을 실천하는 선한 이웃, 말씀을 묵상하고 행하는 경건한 삶, 말씀과 기도가 있는 성령 충만한 삶, 하나님과 이웃을 사랑하는 삶을 꿈꾼다. 이러한 꿈을 실현하기 위해서는 말씀 묵상과 성경공부 같은 경건 훈련, 기도 훈련, 전도 및 선교 훈련, 은사 계발, 나눔과 봉사 활동 등 삶의 자리에서 할 수 있는 일들을 찾아 적극적으로 실천하는 노력이 필요하다. 각자 꿈꾸고 있는 제자의 삶은 무엇인지, 그 꿈을 실현하기 위해 현재 어떤 노력을 하고 있는지 이야기해 본다.

3 예수님은 주님을 사랑한다고 고백하는 베드로에게 '내 양을 먹이고 치라'라고 말씀하신다. 당신의 주변에 돌봄이 필요한 사람(대상)은 누구이며, 그들을 어떻게 돌볼 것인지 이야기해 본다.

관찰문제 4번 참고. 우리는 양들을 먹이고 그들에게 베푸는 삶을 살아야 한다. 예수님은 이미 십자가 죽음을 통해 제자들에게 구원과 영생을 베푸셨다. 부활하신 후에도 제자들에게 계속 베푸신다. 심지어 그들의 일터를 찾아와 정성껏 준비한 조반을 먹이셨다. 우리의 사역은 예수님처럼 끊임없이 베푸는 일의 연속이어야 한다.

예수님을 사랑하는 사람은 그 사랑을 말로만 고백할 것이 아니라 주님의 양들을 먹이고 보살피는 일로 표현해야 한다. 선한 목자이신 예수님이 그분의 양 떼를 우리에게 맡기셨다. 하나님의 양을 보살피는 것은 목회자들만의 일이 아니다. 먼저 믿은 사람이 나중에 믿은 사람들을 격려하고 도와주며 하나님의 말씀으로 세워 가는 것 역시 하나님의 양을 돌보는 일이다. 모든 그리스도인은 목양하도록 부르심을 받았다. 우리 주변을 돌아보자. 육체적으로나 심리적으로 아픈 사람, 장애인 가족, 독거노인, 노숙자, 소년 소녀 가장, 비행 청소년, 이주노동자, 탈북민, 다문화 가정 등 사회적 약자들이 있다. 사랑하는 사람들을 잃었거나 재해로 거처를 잃어버린 사람, 이혼으로 깨어진 가정 등 위기에 처한 사람들도 우리 주변에 있다. 이들은 우리의 돌봄이 필요한 사람들이다. 이들에게 식사 초대, 반찬 나눔, 다른 이웃과의 만남 주선, 재능 기부, 경제적 지원 등 현실적으로 가능한 돌봄을 실천할 수 있다. 더 나아가 이들을 돌봄 서비스 센터나 보호 시설 같은 전문적인 기관으로 인도해 사회 구성원으로서 자립하고 회복할 수 있도록 공동체적인 돌봄에도 관심을 기울여야 한다. 각자의 주변에 돌봄이 필요한 사람(대상)은 누가 있는지, 그들을 어떻게 돌볼 것인지 구체적으로 이야기해 본다.

VII. 마무리

기도로 마무리한다.
다음 과정 성경공부에 초대한다.
실천과제를 제시한다.

 **생활의 아로마**(실천)

예 1) 낙심하고 어려움 가운데 있는 이웃을 찾아가 충고나 조건 없이 함께 시간을 보내고 도움을 준다.
  2) 예수님에 대한 사랑이 나의 유익을 위해 말로만 하는 고백은 아닌지 점검해 본다.

비밀 유지 서약서

나는 이 그룹에서 나눈 것들을 다른 곳에 누설하지 않기로 약속합니다. 또한 다른 그룹원들이 숨기고자 하는 내용을 나누도록 압력을 가하지 않을 것을 약속합니다. 하나님과 그룹원들에게 나의 약속을 성실히 이행할 것을 서약합니다.

서명______________________________________

날짜______________________________________

『요한복음 II』 성경공부를 통한 삶의 변화 일지

주	나의 말씀 적용(생활의 아로마)	실천 과정과 결과
1주		
2주		
3주		
4주		
5주		
6주		

주	나의 말씀 적용(생활의 아로마)	실천 과정과 결과
7주		
8주		
9주		
10주		
11주		
12주		

주 \ 이름	1	2	3	4	5
OT (　월　일)					
1주 (　월　일)					
2주 (　월　일)					
3주 (　월　일)					
4주 (　월　일)					
5주 (　월　일)					
6주 (　월　일)					
7주 (　월　일)					
8주 (　월　일)					
9주 (　월　일)					
10주 (　월　일)					
11주 (　월　일)					
12주 (　월　일)					
합계					
연락처					
메모 (가족/기도)					

6	7	8	9	10	11	12

송병현 〈엑스포지멘터리 시리즈〉의 저자. 캐나다 틴데일대학교(B. Th.)와 미국 시카고 트리니티 복음주의신학교를 졸업하고(M. Div.) 동 대학원에서 박사학위(Ph. D.)를 받았다. 1997년부터 백석대학교 구약학 교수로 봉직 중이며 2009년부터는 선교지의 지도자 교육을 위해 강사 진을 파송하는 STAR 선교회를 이끌고 있다. 목회자와 신학생뿐 아니라 하나님의 말씀에 진지하게 귀 기울이기 원하는 이 땅의 그리스도인들 을 섬기기 위해 활발한 성경 강해와 해석 사역을 펼치고 있다.

송(임)우민 캐나다 틴데일대학교(B. Th.)와 미국 시카고 트리니티 복 음주의신학교를 졸업(M. Div.), LA에 있는 탈봇신학교에서 기독교교육 학으로 박사학위(Ph. D.)를 받았다. 20여 년간 북미와 한국에서 영어 주일학교 전도사로 교회학교 현장에서 사역했으며, CMIS 캐나다국제학 교 이사, Korea Montessori College 교수, 몬테소리 교사 및 컨설턴트 등 다양한 교육학적 경력을 바탕으로 학부모 세미나, 부부 세미나, 교 사 세미나와 주요 강사로서 가정과 교회학교를 말씀으로 세우기를 갈 망하는 부모와 교사들을 섬기고 있다. 현재 백석예술대학교 보건복지학 부 전임교수로 봉직 중이며, 남편 송병현 교수와 함께 STAR 선교회 이 사로 섬기고 있다.

엑스포지멘터리 성경공부 시리즈 요한복음 Ⅱ - 인도자용

초판 1쇄 발행 2024년 9월 7일
2쇄 발행 2024년 9월 8일

지은이 송병현, 임우민
구성 신재희

펴낸곳 도서출판 이엠
등록번호 제25100-2015-000063
주소 서울시 강서구 공항대로 222, 1014호
전화 070-8832-4671
E-mail empublisher@gmail.com

내용 및 세미나 문의 스타선교회: 02-520-0877 / EMail: starofkorea@gmail.com / www.star123.kr
Copyright ⓒ 송병현, 임우민, 2024, *Print in Korea.*
ISBN 979-11-93331-07-1 93230

「이 도서의 국립중앙도서관 출판시도서목록(CIP)은 서지정보유통지원시스템 홈페이지(http://seoji.nl.go.kr)와 국가자료공 동목록시스템(http://www.nl.go.kr/kolisnet)에서 이용하실 수 있습니다. (CIP제어번호:CIP2015000753)」